———————————— 님의 소중한 미래를 위해
이 책을 드립니다.

나의 꿈
월천족

나는 한 달에 1천만 원
월세로 경제적 자유를 누린다

나의 꿈
월천족

정일교 지음

메이트북스

메이트북스 　우리는 책이 독자를 위한 것임을 잊지 않는다.
　　　　　　우리는 독자의 꿈을 사랑하고,
　　　　　　그 꿈이 실현될 수 있는 도구를 세상에 내놓는다.

나의 꿈 월천족

초판 1쇄 발행 2023년 6월 12일 | **지은이** 정일교
펴낸곳 (주)원앤원콘텐츠그룹 | **펴낸이** 강현규·정영훈
책임편집 안정연 | **편집** 박은지·남수정 | **디자인** 최선희
마케팅 김형진·이선미·정채훈 | **경영지원** 최향숙
등록번호 제301-2006-001호 | **등록일자** 2013년 5월 24일
주소 04607 서울시 중구 다산로 139 랜더스빌딩 5층 | **전화** (02)2234-7117
팩스 (02)2234-1086 | **홈페이지** matebooks.co.kr | **이메일** khg0109@hanmail.net
값 17,000원 | **ISBN** 979-11-6002-402-9 (03320)

잠자는 동안에도 돈이 들어오는 방법을 찾지 못한다면
당신은 죽을 때까지 일을 해야만 할 것이다.

• 워런 버핏(전설적인 투자자) •

당신의 인생을 확 바꿔줄
다가구주택 투자를 시작하라!

답답한 직장생활,
돌파구는 다가구주택 투자

인생을 살다 보면 변화가 간절해질 때가 있다. 당장의 현실이 만족 스럽지 않을 때, 직장 상사의 고달픈 삶이 자신의 미래라는 생각이 들 때, 이렇게 살다가는 진정 원하는 삶을 누리기는커녕 근처에도 못 갈 거라는 계산이 들 때…. 이럴 때 사람들은 현실을 돌파할 무 언가를 찾는다.

　나도 그랬다. 반복되는 답답한 일상 속에서 시간적, 경제적 여유 를 찾고 싶었다. 지친 직장생활을 벗어나 마음껏 여행을 하고, 책도 충분히 읽는 등 한마디로 좀 더 자유롭고 싶었다. 그래서 18년 동안의 직장생활에 종지부를 찍고 투자의 세계에 뛰어들었다.

안정적인 월급쟁이로 살다가 직장을 그만두고 나서 비로소 깨달은 것이 있다. 돈 버는 일이 정말로 힘들다는 사실이었다. 세상은 호락호락하지 않았고, 신문을 보면 경제 불황과 세계 정세의 불안정으로 인해 불안감이 찾아왔다.

실제로 최근에는 고물가와 고금리 때문에 많은 사람들이 어려움을 겪는다. 급격하게 올라버린 금리는 대출 비중이 많은 아파트 투자자들에게 무리한 부담이 되었고, 2배로 올라버린 대출금을 갚기 위해 급매로라도 집을 팔아야 하는 상황이 만들어지기도 했다.

나는 이러한 이유로 다가구주택 투자를 적극적으로 추천한다. 금리가 올라도 부담이 되지 않고 금리가 내리면 수익률이 극대화되는, 가장 안정적이고 효율적인 투자이기 때문이다.

아파트보다 더 좋은
내 집 마련 방법

사람들이 부동산 투자에 관심을 갖는 이유는 무엇일까? 아마 투자의 방법과 규모는 각기 다를지라도 목적은 모두 비슷할 것이다. 지금보다 경제적·시간적으로 여유로운 삶, 하고 싶은 일을 하면서 무엇에도 구속받지 않는 삶을 꿈꾸기 때문이다. 그런 면에서 다가구주택 투자는 부동산 투자 중에서도 가장 이상적인 상품이라고 할 수 있다.

저성장, 고금리가 유지되는 장기불황의 시대가 오고 있다. 이런 사회적 분위기에서는 근로 소득에만 의지해서는 더 나은 미래를 기대하기 어렵다. 직장이 더는 안정적인 방패 역할을 해주지 않기 때문이다.

따라서 근로 소득 외 현금흐름을 만들 수 있는 안정적이고 효율적인 투자 방법을 찾아야 한다. 나는 수익형 부동산 투자가 바로 그것이라고 생각한다. 고금리에 큰 영향을 받는 차익형 투자와 달리, 매달 현금흐름이 발생하는 수익형 부동산의 가치는 앞으로 더욱 높아질 수밖에 없다.

내 집 장만을 이야기하면 사람들은 대부분 아파트를 떠올린다. 거주의 편의성을 가지는 동시에 시세차익도 노릴 수 있다고 보기 때문이다. 하지만 주택의 종류는 다양하며, 생각의 틀을 약간만 깨면 각자의 상황에 맞고 더욱 훌륭한 결과를 가져오는 선택을 할 수 있다.

다가구주택에 대한 부정적인 사회적 통념과 달라 조심스럽기도 하지만, 나는 직접 거주하면서 임대 수입까지 누릴 수 있는 다가구주택을 신축하는 것이 많은 사람들에게 꼭 맞고 더 훌륭한 결과를 가져다줄 내 집 장만 방법이라고 자신한다.

다가구주택 4채를
신축한 비결

사람들이 모두 아파트를 최고의 투자처라고 여길 때 나는 흔히 투자하지 않는, 아니, 내가 아는 모든 사람들이 뜯어말린 다가구주택에 투자했다. 종잣돈을 만들기 위해 소비습관을 바꾸고 절약했으며, 돈이 생길 때마다 전세를 월세로 전환해 꾸준히 임대 수입을 늘려나갔다.

사람들이 좋은 경매 물건이 나오기만을 기다리는 동안, 나는 내가 살고 있던 집 주변을 시작으로 점점 더 범위를 넓혀가며 무수하게 발품을 팔았다. 수많은 부동산을 분석했고 건설을 공부했으며, 마침내 집 밖으로 나가 투자를 실행했다.

한 걸음씩 나아간 결과 꼬마빌딩이라고 불리는 건물을 4채 신축해 보유하게 되었다. 이 건물에서 발생하는 고정적인 수익과 가치 상승을 바라보며 날이 갈수록 투자에 더욱 확고한 자신감을 갖게 된다.

다가구주택에 눈뜨기 전, 잘못된 부동산 투자로 경제적인 타격을 입은 적이 몇 번 있었다. 그때마다 끝없는 불안과 두려움에 빠지곤 했다. 하지만 그런 시간을 이겨내고 오뚝이처럼 다시 일어설 수 있었던 것은 '두려움 속에서 움츠러든 채로 좋은 투자의 기회를 놓치는 것이야말로 진짜 실패'라고 생각했기 때문이다.

풍요로운 삶, 즉 경제적 자유를 얻기 위해 필요한 조건은 생각보다 까다롭지 않다. 수익형 부동산의 시스템을 이해하고 적용한다면 머지않은 미래에 돈으로부터 자유로워진 자신을 만날 수 있다. 남들과 다른 길을 가겠다는 약간의 뚝심만 있으면 충분하다.

당신도 매달
월세를 받을 수 있다

다가구주택 투자의 가장 큰 장점은 투자금액이 적게 든다는 것이다. 아파트는 실거주를 하면서 다른 사람에게 임대하기 곤란한 구조다. 하지만 다가구주택은 주인 세대가 실제로 거주하면서 건물 내 다른 집을 전세 또는 월세로 임대하는 것이 가능하다. 즉 대출은 물론이고 전월세 보증금을 활용할 수 있으므로 투자금액이 적게 든다.

아파트를 여러 채 소유하는 것보다 가구수가 많은 다가구주택을 소유하는 것이 훨씬 더 안전하고 현명한 투자 방법이다. 투자금액을 최소화할 수 있고, 매달 월세를 받을 수 있기 때문이다. 처음 투자할 때는 몇 개 가구를 전세로 시작하더라도 일정 기간 동안 전세를 월세로 전환해가면 더욱 안정적인 투자처가 될 것이다.

나는 이 책에 왜 회사를 다니는 동안에 또 다른 월급 시스템을 만들어야 하는지, 그 시스템을 만드는 데 왜 다가구주택이 제격인지, 다가구주택을 신축할 때 무엇을 알아두어야 하는지, 실제로 얼마를 투자해 매달 얼마를 벌어들이고 있는지 등 다가구주택 신축 및 투자에 관한 전반적인 사항을 모두 담았다.

모든 직장인들이 경제적 자유를 하루빨리 이루기를 바란다. 누구든지 마음만 먹으면 월급을 훌쩍 뛰어넘는 현금흐름을 만들 수 있다. 아직 늦지 않았다. 지금 당장 시작하라!

정일교

차례

✈ 1장 ✈
한 번뿐인 인생,
월급에서 자유로워지자!

2장

실행하면 대박인
건물 신축 노하우

3장

나는 왜 다가구주택을 사지 않고
4채나 새로 지었을까?

4장

월세 1,000만 원 받는 꼬마빌딩 주인, 당신도 될 수 있다

5장

소액으로 신축해서 건물주가 된 사례들

(W)

20년간 평범한 직장인 및 가장으로 살다가 뒤늦게 수익형 부동산 투자에 뛰어들었다.
한 걸음씩 나아간 결과, 현재 꼬마빌딩 4채를 보유하고 있다.
내가 그랬듯 다른 직장인들도 충분히 해낼 수 있다.
보유하는 동안 주거비용을 내는 부동산이 아니라
꾸준히 현금흐름이 발생하는 부동산으로 경제적 자유를 누리는 것이다.
현금흐름이 발생하지 않는 투자는 투자가 아니다.
지극히 단순한, 하지만 너무나 중요한 이 원리를 깨닫고 실천에 옮긴다면
돈과 시간으로부터 자유로워질 것이다.

1장

한 번뿐인 인생,
월급에서
자유로워지자!

부자처럼 살 것인가,
진짜 부자로 살 것인가?

진정한 부란 앞으로 얼마나 오랫동안 생존할 수 있느냐로 가늠할 수 있다. 오늘 당장 일을 그만둬도 노후와 지출이 불안하거나 걱정되지 않아야 한다.

일을 하지 않아도
노후에 지장이 없는 삶

사람들은 흔히 자신보다 유리한 조건을 지닌 '부자처럼 보이는' 이들을 그저 부러워하며 살아간다. 하지만 그러지 않아도 된다. 지금 당장 보이는 모습에 휘둘리기보다 진정으로 행복한 삶을 향해 나아가야 하기 때문이다.

진정으로 행복한 삶이란, 건축가이자 미래학자인 리처드 버크민

스터 풀러(Richard Buckminster Fuller)가 이야기한 것처럼, 오늘 당장 일을 그만두어도 지속적으로 발생하는 현금흐름을 통해 노후에 지장을 전혀 받지 않는 삶이다.

최근에 '시간이 돈이고 권력'이 된 미래사회를 그린 SF영화 〈인타임〉을 봤다. 영화 속 시간이 돈이 된 미래사회에서는 유전자 조작으로 25세에 노화가 멈추고 마지막 1년이라는 시간을 부여받는다. 남은 1년 동안 시간을 벌고 쓰면서 삶을 연장해나가며 더는 시간을 벌지 못해 0초가 되면 그 즉시 심장마비로 죽는다.

모든 비용은 시간으로 계산된다. 커피 한 잔은 4분, 버스요금은 2시간, 스포츠카는 59년. 부자들은 시간 걱정 없이 영원히 살 수 있지만, 빈민가 노동자들은 하루 벌어 하루를 소비하며 살아간다. 월급은 오르지 않는데 물가는 오르고 노동자들은 죽는다.

SF영화이지만 현실도 크게 다르지 않다고 느꼈다. 누군가는 하루 벌어 하루를 살지만 누군가는 그보다 훨씬 더 나은 삶을 살기 때문이다.

우리는 TV 예능 프로그램을 통해 연예인들의 집을 쉽게 들여다볼 수 있다. 육아 프로그램을 통해서도 출연자의 집을 자연스럽게 보게 된다. 뿐만 아니라 페이스북과 트위터, 인스타그램 등 다양한 소셜미디어를 통해서 평소 원했지만 이루지 못한 라이프스타일을 직접 구사하고 사는 다양한 사람들의 모습을 접한다. 그러다 보면 어느 순간 비교하게 되고 심리적 불안감이 들기도 한다.

드라마를 보면서는 또 어떤가. 고급 수입차를 타고 발레파킹이 되는 식당에서 비싼 음식을 주문하고 백화점 명품 매장에 가서 가격표를 보지 않고 구입하는 드라마 주인공을 보다 보면 부러운 동시에 초라한 자신을 마주하게 된다.

대부분의 사람들은 월급이 오르거나 보너스를 받는 등 갑자기 목돈이 생기면 하루아침에 부자가 된 양 수입차를 구입하거나 크루즈 여행을 가거나 명품 시계와 가방 같은 사치품을 사들인다. 하지만 이런 행동은 외관상으로는 부자처럼 보이게 할지 몰라도 실제로는 더 많은 빚을 지게 하고 신용카드 할부금에 허덕이게 할 뿐이다.

진짜 부자와
가짜 부자의 차이

대부분의 사람들은 자신이 살고 있는 집을 가장 최고의 투자처라고 생각하고 더 넓은 평수로 옮겨가는 것에만 관심이 있다. 그래서 사회초년생은 물론이고 부부가 40대 중반을 넘어선 가정도 저축한 돈과 대출을 끌어모아 어떻게든 내 집을 마련하거나 평수를 늘리려고 계획한다.

그들은 잘못된 투자로 인한 실패를 대단히 두려워해 안전하게 거주할 수 있는 아파트 하나면 충분하다고 생각하는 것이다. 그래서 좋은 입지의 아파트와 좋은 차에만 관심을 둘 뿐, 투자할 생각은 하지 않는다. 하지만 우리가 거주하고 있는 주택은 진정한 의미의 자산이 아니다.

지인 중 한 분은 서울 핵심지에 아파트 한 채를 보유하고 있지만, 매달 충당해야 하는 생활비와 주택 보유세(재산세, 종합부동산세) 등의 세금 때문에 마음고생을 한다. 은퇴한 후라서 아파트만 가지고 있을 뿐, 따로 돈 나올 데가 없기 때문이다.

내 건물에 거주하는 젊은 임차인들 중에는 의외로 수입차를 타는 사람들이 적지 않다. 일반 직장인의 월급은 뻔한데 주거비와 자동차 할부금으로 상당한 비용을 지불하게 되면 시간이 아무리 흘러도 삶은 더 윤택해지기 힘들 것이다.

좋은 집과 좋은 차가 진짜 부자의 기준일까? 진짜 부자의 기준은 무엇일까? 나는 자산 소득, 즉 임대로 발생한 현금이 현재 받고 있는 월급을 넘어설 때 비로소 부자의 대열에 진입한 것이라고 생각한다. 소비 수준이 같다고 가정한다면, 월급과 비슷한 정도의 자본 소득(임대 수입)으로 충분히 지출을 하며 생활하는 것이 가능하기 때문이다.

최근 자주 사용되는 신조어 중에 '파이어족'이 있다. 파이어족은 경제적 자립을 토대로 자발적 조기 은퇴를 추진하는 사람들을 일컫는 용어다. 이들은 일반적인 은퇴 연령인 50~60대가 아닌 30대

후반이나 늦어도 40대 초반에 은퇴하겠다는 목표로 20대부터 소비를 줄이고 수입의 70~80% 이상을 저축하는 등 극단적인 절약을 선택한다.

파이어족은 보통 5가지 부류로 구분된다. 첫 번째는 보통의 파이어족이다. 평소 생활패턴을 유지할 수 있는 금액(연 지출의 25배, 약 20억의 자산)을 모아두고 현금흐름을 만들어 생활한다.

두 번째는 린(LEAN) 파이어족이다. 평소 생활패턴을 최소한으로 줄여 일반적인 소비습관보다 적은 소비습관으로 은퇴하는 파이어족을 말한다.

세 번째는 팻(FAT) 파이어족이다. 은퇴를 한 다음, 이전보다 풍족한 삶을 꿈꾸는 파이어족이다.

네 번째는 사이드(SIDE) 파이어족이다. 원래 하던 일에서 은퇴하고 고정적 월급 대신 다른 부수입(블로그, 유튜브, 전자책 등)으로 생활하는 형태다.

다섯 번째는 바리스타(BARISTA) 파이어족이다. 은퇴 후 알바나 비정기적인 일을 통한 수입으로 생활하는 파이어족을 말한다.

유행을 따르듯 우리가 파이어족을 희망하고 따라 할 필요는 없다. 일을 할 수 있는 나이에는 사회에 도움이 되고 삶을 주도적으로 이끌어갈 수 있게 열심히 일해야 한다고 생각한다. 꾸준히 직장 생활을 하면서 근로 소득에 자산 소득(임대 수입)이 더해지면 더 많은 자산을 더 빨리 만들 수 있다.

부자와 빈자 이 둘의 차이는 무엇일까? 그것은 바로 시스템과 통제권이다. 특히 시스템을 만들어놓는 것이 중요하다. 그러면 통제권은 따라온다. 시스템을 만들어놓으면 굳이 서둘러 은퇴해서 힘들게 아끼며 살아가지 않아도 된다.

부자를 만드는
현금흐름 시스템

리처드 버크민스터 풀러는 부에 대해서 다음과 같이 정의 내렸다.

> **"부란 그 사람이 얼마나 오랫동안 생존할 수 있는지에 대한 능력 문제다."**

쉽게 말해서 내가 당장 일을 그만두면 며칠이나 버틸 수 있느냐가 부의 척도인 것이다. 자신의 월 지출액을 확인해보고, 급여나 사업 소득이 아닌 자본 소득으로 몇 개월을 버틸 수 있는지 계산해보자. 어떤 사람은 1년이 채 안 될 수 있고, 어떤 사람은 2~3년이 가능할 수도 있다. 혹은 100세가 훌쩍 넘어서까지 현 지출액을 쓰고도 부족함이 없다면 진정한 부자인 셈이다.

나는 월 현금흐름 3,000만 원을 꿈꾸고 있다. 현재 목표를 이루기 위해 열심히 살고 있으며, 반드시 그 꿈을 이룰 것이다. 2,000만 원은 2년 내에 달성이 예상된다.

내가 생각하는 진정한 부자란, 근로 소득이 발생하지 않아도 수익형 부동산을 통해 만들어진 현금흐름으로 평소의 생활을 유지할 수 있는 시스템이 갖추어진 사람이다.

현재 은행 금리 3.5%를 감안했을 때 은행에 100억은 넣어놓고 있어야 3,000만 원의 이자 소득이 발생한다. 로또에 몇 번 당첨된다고 하더라도 현금으로 100억이 생기기란 쉽지 않다. 하지만 수익형 부동산의 시스템을 이용하면 반의 반도 안 되는 금액으로 충분히 이러한 현금흐름을 만들 수 있다. 뒤에서 설명하겠지만 수익형 부동산인 다가구주택을 이용해서 직장에서 나오는 월급이 아닌 매달 나오는 임대 수입만으로 긴 노후를 불안해하지 않고 살 수 있다.

나는 이 목표를 이루기 위해 자동차 구입도 미루고 있다. 예를 들어 1억 5,000만 원짜리 수입차를 구입하면 기분은 좋겠지만, 할부금이 되었든 렌트비가 되었든 매달 250만 원의 비용이 통장에서 빠져나가게 된다. 하지만 동일한 금액을 가지고 전세를 월세로 전환하게 되면 최소한 150만 원 이상 임대 수입을 얻을 수 있다. 또한 차는 구입 즉시 감가되어 가치가 떨어지지만 임대 수입은 지속적으로 증가한다.

좋은 집과 좋은 차는 목표를 이룬 뒤 구입해도 전혀 늦지 않다.

300만 원, 500만 원, 700만 원, 1000만 원 등 자신에게 맞는 목표를 세운 뒤 수익형 부동산 투자를 실천해가다 보면 충분히 원하는 것들을 얻을 수 있을 것이다.

부자처럼 보이는 삶이 아닌 진짜 부자로 살고 싶은가? 그렇다면 자본 소득이 지속적으로 증가하는 시스템, 즉 인플레이션과 물가상승률에 따라 가치가 지속적으로 올라가는 시스템을 하루빨리 만들어보자.

총자산을 목표로 두지 말자.
돈의 노예가 된다

경제적 자유를 얻기 위해서는 총자산을 얼마큼 모야겠다는 목표보다는, 매달 현금흐름을 얼마큼 만들어야겠다는 목표를 정하는 것이 더 좋다.

고정적인 수입이
목돈보다 좋다

어릴 적 읽었던 동화 「황금알을 낳는 거위」가 기억나는가? 거위가 하루에 하나씩 황금알을 낳자 욕심 많은 주인이 한꺼번에 많은 황금알을 얻으려고 어느 날 거위의 배를 갈라버린다. 하지만 주인의 기대와는 달리 거위의 뱃속에는 황금알이 하나도 없었고, 애꿎은 거위만 죽어버렸다.

거위 주인은 잘못된 선택으로 하루아침에 행운을 잃었다. 비록 동화 속 이야기지만 너무나 어리석고 안타깝다.

거위는 질병에 강해서 보통 40~50년은 산다. 거위가 오래 살 수 있게 관리만 잘해주었다면 그 주인은 평생 돈 걱정 없이 살 수 있었을 것이다. 거위 주인과 마찬가지로 많은 사람들이 오랜 기간 동안 고정적으로 받는 돈보다 눈앞의 목돈을 선호한다. 금액이 커서 사용할 데가 더 많아지기 때문이다.

황금이 아닌 현금을 낳는 거위를 당신이 가지고 있다고 가정해보자. 매달 1,000만 원이 나오는 거위를 누군가가 10억 원에 팔라고 한다면 어떤 결정을 할 것인가? 누구든지 10억 원이라는 목돈에는 흔들릴 수 있을 것이다.

『돈의 속성』 저자인 김승호 회장은 정규적인 돈에 대해 이렇게 말했다.

"정규적인 돈과 비정규적인 돈이 싸우면 언제든 정규적인 돈이 이기기 마련이다. 정기적이고 고정적으로 들어오는 수입은 보통 그 액수의 100배 규모 자산의 힘과 같다."

그렇다. 단순한 예로 현장 근로자들의 경우 일당으로 보면 일반 직장인보다 더 많이 버는 것 같지만, 정기적으로 들어오는 돈이 아니기 때문에 월급으로 따지면 사실상 더 적게 번다.

중요한 것은
총자산이 아니라 현금흐름

최근에 건물 중개를 위해 촬영할 일이 있어 성동구 성수동에 다녀왔다. 현재의 성수동은 지난날의 낙후된 공장 지역이 아니라, 주거와 상업 지역이 공존해 젊은이들이 많이 찾는 핫 플레이스가 되었다. 이 지역의 신축 건물들은 외관이 눈에 띄게 아름다운 데다가 일과 휴식을 함께할 수 있는 다목적 공간으로 지어져 더욱 인기가 많다.

그날 중개를 목적으로 유튜브에 영상을 올리기 위해 촬영한 건물은 현재 임대 수입이 2,600만 원 발생하고 있다. 지하 2층~지상 5층으로 구성된 건물로, 준공된 지 30년이 넘었다.

이 건물의 기본 수익률은 0.8%다. 성수동의 입지 좋은 곳은 토지가격이 평당 2억 원이 넘으므로, 이 건물(토지)의 가치는 400억 원 정도로 예상된다.

건물(토지) 시세만 놓고 본다면 월 2,600만 원의 수익은 형편없는 수준으로 보일 수 있다. 예금금리를 5%로 가정했을 때 400억 원이면 매달 이자가 1억 6,600만 원이기 때문이다(물론 이 건물을 매수하는 목적은 단지 2,600만 원의 임대 수입을 얻기 위함이 아니라 기존 건물 철거 후 15층까지 신축해서 분양하기 위함일 가능성이 크다).

건물 가격, 즉 총자산은 중요하지 않다. 중요한 것은 수입이 얼마나 발생하느냐는 것이다. 400억 원의 20분의 1인 20억 원만 가지고도 충분히 2,600만 원의 임대 수입을 만들 수 있다. 400억 원이라는 총자산에 목표를 두지 말자. 돈의 노예가 될 뿐이고 달성도 하기 전에 지치고 말 것이다.

건물마다 외관 디자인과 색상이 다양하듯 수익률 또한 천차만별이다. 먼저 자신의 목표를 정해보자. 여기서 중요한 것은 건물의 총자산이나 보유금액을 정하는 게 아니다. 매달 발생되는 현금흐름을 목표로 삼는 것이다.

예를 들어 30억 원의 부동산을 소유하거나 현금 10억 원을 모으겠다는 목표를 세우는 것은 접근 방법이 틀렸다. 정부의 정책과 경제 상황 등을 고려해야 하고 금리의 영향도 받기 때문에 현실적으로 달성하기 어렵기도 하다. 모든 목표는 잘게 쪼갤 때 달성하기가 훨씬 수월해진다.

우선 이루고 싶은 현금흐름의 규모를 정하고, 그다음에 기간과 투자금액을 정한다. 예를 들어 매달 1,000만 원의 현금흐름을 원한다면 투자금은 얼마가 필요할지 계산해본다. 그리고 투자금을 모으는 데 얼마의 기간이 걸릴지 가늠해본다. 이처럼 제일 먼저 최종 목표를 정한 다음, 그 목표를 달성시켜줄 수익형 건물을 찾아보는 것이다.

해당 건물의 보증금과 대출을 이용하면 생각보다 많은 투자금이 필요하지 않다. 이러한 사실을 확인하다 보면 투자에 자신감도 생기고, 종잣돈도 신나게 모을 수 있게 된다. 만약 처음 목표를 1,000만 원이 아닌 500만 원으로 잡는다면 좀 더 빠르게 목표에 도달할 수 있다. 쌍둥이처럼 동일한 물건을 하나 더 매입하게 되면 월 1,000만 원은 어렵지 않게 이루게 된다.

잠자는 동안에도
돈이 들어오는 방법

50년이 넘는 세월 동안 누적 270만% 이상의 수익률을 올리며 이미 현자의 반열에 오른 워런 버핏(Warren Buffete). 그의 투자 철학인 가치투자를 두고 일반 개미 투자자들은 흔히 너무 느리다고 말한다.

워런 버핏과 달리 대부분의 주식 투자자들은 수익을 내기는커녕 원금마저 잃는다. 왜 워런 버핏처럼 많은 돈을 벌지 못할까? 그 답은 버핏의 말에서 찾을 수 있다. "누구도 천천히 부자가 되는 것을 원하지 않기 때문이다."

그렇다. 주식이 되었든, 부동산이 되었든 단기간에 가치가 올라가 큰 차익을 가져다주는 것은 세상에 없다. 그런 방법이 있다고 해도 위험하다. 그렇기 때문에 종잣돈을 마련할 때까지 절약하면서 돈을 모으고 작은 것이라도 실천해서 시스템을 만드는 게 무엇보다 중요하다.

워런 버핏의 명언 중 가장 좋아하는 말이 있다. "잠자는 동안에도 돈이 들어오는 방법을 찾지 못한다면 당신은 죽을 때까지 일을 해야만 할 것이다." 이 말은 나의 뇌리에 쐐기처럼 박혔다. 시간과 노동으로 돈을 버는 게 아니라 잠자는 동안에도 끊임없이 발생하는 현금흐름 시스템을 만들어야 하는 이유를 이 짧은 문장이 너무나 잘 설명해주고 있다.

내 주위에는 자본 소득, 즉 임대 수입이 일반 직장인 연봉만큼인 분들이 많다. 나 또한 이분들을 본받고 벤치마킹해서 자본 소득을 늘리려고 노력한다. 원룸 건물 여러 동에서 매달 8,000만 원이 나오는 분도 있고, 모텔을 신축해서 6,000만 원 이상의 현금흐름을 발생시킨 분도 있다. 대형마트를 지어서 임대료로 3,000만 원을 받는 분도 있다. 그 밖에도 1,000만~2,000만 원을 매달 받는 분들은 셀 수 없이 많다. 이런 이야기를 들으면 '세상은 참 불공평해' 하고 화가 나는가? 아니면 특별한 재능이 있는 사람들의 이야기라고 치부해버리는가?

과정만 다를 뿐 시작은 다 똑같다. 부족하지만 작은 돈이라도 모으고 모아서 점점 더 키워나갈 뿐이다. 수익형 부동산 투자는 처음에는 거북이처럼 느려 보이지만 빠르게 급성장할 수 있는 매력적인 투자 방법이다. 이 사실을 모르면 죽을 때까지 일하면서 돈의 노예로 살 수밖에 없다.

한 달에 1,000만 원의 임대 수입을 만들기 위해서 건물을 알아보고 공부하는 사람은 몇 년 안에 그 꿈을 달성하게 되어 임대 수입을 점점 더 늘려가게 된다. 그와 반대로 당장 1,000만 원이 생긴다면 어떻게 사용할지 생각하는 등 소비에만 초점을 맞춘 사람은 평생 돈에 구애받으며 살게 된다.

경제적 자유로 가는 길을
가로막는 장애물은 무엇인가?

경제적 자유를 얻는 과정에서 가장 걸림돌이 되는 것은 '남에게 어떻게 보여지는가'를 중시하는 태도다. 과시욕이나 타인의 시선으로부터의 속박에서 완전히 벗어나야 한다.

부자를 만드는

절약 습관

예능 프로그램 〈미운 우리 새끼〉에 나온 김종국의 남다른 절약 정신이 보는 이들을 놀라게 했다. 그는 "물티슈를 빨아서 쓰고 그걸로 다시 기름 묻은 그릇을 닦는다"고 했다.

김종국은 별명 '짠국이'답게 투철한 절약 정신을 보여줬다. 알고 보니 그의 절약 정신은 아버지에게서 물려받은 것이었다. 그의 아버지는 집에서 거의 불을 켜지 않은 채 생활하고, 어머니가 상추를 씻을 때도 물을 최대한 적게 쓰라고 지적한다고 한다.

물티슈 다시 쓰기, 집 안 불 꺼놓기, 물 아껴 쓰기 등등이 생활비에 얼마나 도움이 된다고 저렇게 궁상을 떠나 하고 생각하는 사람도 있을 것이다. 작은 절약 습관이 우스워 보일 수도 있지만, 작은 것들이 모여 비로소 큰 것이 만들어지는 법이다.

경제적 자유로 가는 길에서 무엇이 가장 필요할까? 바로 종잣돈이다. 종잣돈을 모으는 동안은 정말 힘들지만 이때는 근검절약을 절대적으로 실천해야 하는 시기다. 처음에는 힘들겠지만 일단 습관을 들여두면 그다음부터는 힘을 들이지 않아도 저절로 절약하게 될 것이다. 한번 몸에 밴 좋은 습관은 삶을 좋은 방향으로 이끈다.

경제적 자유를 얻은 후에도 근검절약하는 습관은 쉽게 없어지지 않을 것이다. 그래서 흔히 "있는 사람들이 더하다"는 말이 나오기도 한다. 사실 이 표현은 가지지 못한 사람들의 시선에서 나온 부정적 표현일 뿐이다. 사실은 가진 사람일수록, 경제적 자유를 얻은 사람일수록 굳이 필요를 느끼지 못하기에 소비하지 않는 것이다. 한푼이라도 더 아끼려는 게 아니고 말이다.

그리고 불필요한 소비를 하지 않을수록 더 '있는' 사람이 된다. 즉 '언제라도 필요한 것을 살 수 있다'는 마음의 여유가 불필요한 소비를 줄여주는 것이다.

착한 부채,
나쁜 부채

근검절약을 가로막는 장애물들은 무엇이 있을까? 가장 큰 장애물은 바로 소비가 만들어내는 부채다. 주머니에 돈이 들어오게 하는 게 아니라 고정적으로 빠져나가게 하기 때문이다. 이런 부채는 나쁜 부채에 속한다.

시세 차익을 목적으로 분양받은 아파트의 담보대출, 자동차 할부금, 마이너스 통장, 수입에 맞지 않게 초과 지출되는 사교육비, 각종 렌탈비 등등이 있다.

나는 종종 건물 하자를 수리하기 위해 임차인이 살고 있는 집을 방문하는데, 그럴 때마다 깜짝 놀라는 일이 많다. 주로 신혼부부가 살고 있는 투룸이나 쓰리룸에 가보면 가전제품이 없는 게 없다. 그것도 모두 신제품이다. 정수기부터 커피머신, 안마의자, 최신형 냉장고와 에어컨, 초대형 TV까지 다양하다.

이뿐만이 아니다. 혼자 사는 임차인들이 많은 원룸에 가보면 주차장에 중형급 이상의 차와 수입차가 즐비하다. 그런 모습을 보면서 과연 자동차 할부금과 월세를 내고 나면 월급에서 남는 게 있을까 싶다. 이것을 건물주인 내가 걱정하고 있으니 뭐가 바뀌어도 많이 바뀐 거 같다.

착한 부채는 자산을 취득하는 과정에서 생기는 부채로, 자산을 형성하는 데 필수 요소다. 예를 들어 다가구주택에 투자하기 위해 대출을 이용할 때, 발생한 자본 소득에서 대출이자를 내고도 돈이 남으면 그 부채는 좋은 부채에 해당된다. 쉽게 말해서 대출이자가 100만 원인데 월세가 140만 원이라서 40만 원이 남는 구조다. 좋은 부채는 부자들이 부를 일구는 데 오랫동안 훌륭한 지렛대 역할을 해왔다.

여러 가구로 구성된 다가구주택의 전세보증금은 건물주에게 지속적으로 이익을 가져다주는 착한 부채다. 정말 특수한 상황이 아니고서는 꾸준히 상승하며, 무이자인 데다 인플레이션이 와도 건물주의 편에 서서 건물주의 상대적 자산을 증가시키기 때문이다. 즉 대출과 전세보증금을 잘 이용하면 경제적 자유로 가는 길이 훨씬 짧아진다.

남은 음식을 가져가는
건물주

최근에 400억 건물을 소유하고 있는 건물주 분과 식사를 했다. 건물 근처 코다리찜 식당에서 식사를 했는데, 양이 많아서 코다리 몸통 하나와 머리 3개가 남았다. 건물주 분은 남은 음식을 포장해달라고 해서 가져가셨다.

이런 모습은 전혀 이상해 보이지 않았고 일상적이었다. 내 주위에는 경제적 자유를 이룬 부자들이 많은데 그분들은 대부분 이렇게 행동하기 때문이다. 평소 절약 습관이 몸에 배어 있고, 오히려 중산층보다 더 검소한 삶을 산다. 반대로 중산층이나 가난한 사람들이 먹는 데 돈을 아끼지 않고, 남의 시선에 과도하게 신경을 써서 명품 옷이나 수입 자동차에 많은 돈을 소비하는 것 같다.

우리 집은 배달음식을 잘 시키지 않지만, 가끔 시키더라도 포장주문을 해서 내가 직접 찾아온다. 3,000~4,000원 하는 배달비가 왜 이렇게 아까운지 모르겠다. 이런 행동을 보며 아내가 만류하기도 하는데 아까운 건 아까운 거다.

습관은 버리기가 쉽지 않다. 돈을 쓰는 씀씀이도 그렇다. 커져버린 씀씀이를 줄이는 일은 매우 어렵기 때문에 평소에 아끼고 근검절약하는 습관을 들이는 것이 좋다.

대출과 사교육비를
관리해야 한다

마이너스 통장은 신용대출 방식 중의 하나다. 신용대출이란 자신의 금융 신용점수를 바탕으로 받는 대출을 말한다. 담보대출과 다르게 돈을 갚지 못할 경우 은행 측에서 가져갈 것이 없기에 높은 금리가 책정된다. 요즘에는 마이너스 통장 신규 대출 금리가 연 6~7%로 치솟았다.

마이너스 통장은 일단 만들어놓으면 언제든지 돈을 쓸 수 있어 급하게 돈이 필요한 직장인들이 편리하게 사용할 수 있다는 장점이 있지만 좀처럼 헤어 나오기가 어렵다는 단점도 있다. 나 또한 직장 다닐 때 만들었던 마이너스 통장을 최근에야 해지했다. 갈수록 초과 지출을 하게 되어 항상 마이너스 한도에 맞게 사용했기 때문이다.

마이너스 통장을 사용하면서 적금을 불입하는 사람들도 간혹 있는데, 적금은 보류하고 금리가 높은 대출부터 상환하는 게 먼저 할 일이다. 각자의 상황에 따라 금리의 차이는 있겠지만, 높은 금리 순으로 보면 마이너스 통장 대출, 신용대출, 보험 약관대출이 될 것이다.

이 같은 부채를 줄이고 정리하면서 고정적으로 나가는 이자 관련 지출을 최대한 줄여야 한다. 그렇게 하지 않으면 '밑 빠진 독에 물 붓기'처럼 매월 쪼들리는 삶에서 빠져나오기 어렵다.

경제적 자유로 가는 길을 가로막는 또 다른 걸림돌은 과도한 사교육비다. 사교육비는 투자 측면에서 볼 때 투자 대비 효과가 가장 미비한 '묻지 마' 투자에 가깝다.

사실 부모라면 누구나 자녀가 좋은 대학을 나와서 안정된 직장을 갖기를 원한다. 그러나 아무리 사교육에 올인해도 좋은 대학을 나와 대기업에 입사할 확률은 그리 높지 않다.

자녀교육에 대한 무리한 지출은 부모의 노후를 저당 잡는 행위이다. 사교육비를 대느라 노후 준비를 제대로 하지 못해 자녀에게 부양 부담을 주게 되면 결국에는 자녀에게 외면당하게 될지도 모를 일이다. 사교육도 부모의 노후가 문제되지 않는 범위 안에서 하는 것이 바람직하다.

당신이 이렇게 사는 데는
다 이유가 있다

재정적인 어려움이 끊이지 않고 계속되는 이유는 주요 수입원이 월급뿐이기 때문이다. 이제 거주하는 집을 가장 큰 자산으로 여기는 사고에서 벗어나 현금흐름이 나오는 시스템을 만드는 데 집중하라.

월급 외
소득 만들기

당신은 퇴근 후 어떻게 시간을 보내고 있는가? 요즘은 퇴근 후 삶이 진짜 자기의 삶이라고 여기고 운동을 하거나 강의를 듣는 등 자기계발에 힘쓰는 직장인들이 많다. 그러나 여전히 대부분은 업무에 지쳐 아무 생각 없이 쉬면서 시간을 보낼 것이다. TV를 보거나 SNS를 훑거나 동료와 술자리를 가지면서 말이다.

대한민국 노동 인구의 70% 이상은 급여 생활자다. 이 70% 중 중소기업 종사자는 무려 85%가 넘는다. 전체 근로자 중 60% 이상이 월급 200만~400만 원을 받으며 생활하고 있다. 식료품비, 주거비, 보험료 등을 지출하고 나면 적금은커녕 적자가 되기 쉽다. 외벌이보다 맞벌이가 많은 이유다.

누군가는 월급을 마약이라고 표현한다. 짜릿하지만 순식간에 사라지는 마약 같은 기쁨을 주기 때문이다. 한 달 내내 월급만 기다리지만, 막상 월급날이 되면 입금과 동시에 여러 비용으로 빠져나가 흔적도 없이 사라져버린다.

그래서 월급 외 소득을 늘려야겠다고 생각해보기도 하지만 실제로 방법을 알아보거나 실천하는 사람은 거의 없다. 정말로 월급 외 소득, 특히 자본 소득을 만들어내고 싶다면 시간을 할애해 뛰어들어야 한다.

내가 직접 일하지 않아도 수입이 창출되는 것. 그것을 우리는 사업이라고 부른다. 소유만 할 뿐 관리나 운영은 직접 하지 않는다. 내 시간과 노동을 투입해 그에 해당하는 일정한 돈을 벌어들이는 것은 사업이 아니라 직업이라고 봐야 한다.

부동산에서는 수익형 부동산을 사업이라고 볼 수 있다. 예를 들어 소형 아파트를 매입해서 월세로 임대해 매달 저절로 50만 원이 나오게 하는 것이다. 여기서 핵심은 규모가 작더라도 일단 시작하는 것이고, 서서히 늘려가는 것이다.

내 돈이 어디로
흘러가는지 알자

『부자 아빠 가난한 아빠』의 저자 로버트 기요사키(Robert Kiyosaki)가 만든 '캐시플로(Cash Flow)'라는 보드게임이 있다. 이 게임은 경제적 자유를 향해 갈 때 꼭 한번 해봐야 하는 게임으로, 돈이 어떻게 흘러가는지에 대한 감각을 익힐 수 있고 내가 왜 지금 이렇게 사는지를 알 수 있다.

보통 월급이 많고 연봉이 높으면 저축을 더 많이 할 것 같지만 사실은 소비도 함께 늘어난다. 돈을 제대로 관리하지 못하면 높은 연봉은 오히려 독이 되어 돌아온다. 반대로 월급은 적지만 지출을 줄이고 작게나마 시스템을 구축한 경우엔 경제적 독립에 더 빨리 도달할 수 있다. 즉 월급의 많고 적음은 경제적 자유를 달성하는 데 약간의 영향은 줄 수 있지만, 절대적인 조건이 아니다.

캐시플로 게임을 하다 보면 자연스럽게 손익계산서와 대차대조표의 상호작용을 배우게 된다. 그리고 경제적 자유를 얻는 방법은 결국 자산부문에서 생성되는 현금흐름을 늘려 마침내 월별 지출 금액을 뛰어넘게 만드는 것임을 깨닫게 된다.

캐시플로 게임은 실제로 투자에 많은 영향을 준다. 다시 말해서 매달 쓰는 지출금액보다 월급 외 소득이 더 커지면 회사를 다니지 않아도 된다는 이야기가 된다. 즉 직장생활을 계속 할지 말지에 대한 선택권을 본인 스스로가 쥔 셈이다. 파이어족을 해도 좋고, 직장생활은 부담 없이 취미(?)로 하면서 자본 소득을 더 늘리는 방법도 있다.

월급보다 중요한
자본 소득

월급 외 소득인 자본 소득이 얼마나 중요한지, 그리고 당신이 이렇게 사는 데는 다 이유가 있다는 것을 보여주기 위해 사례를 하나 들어보겠다.

오른쪽 표는 대기업 직장을 다니는 맞벌이 부부의 자산 현황을 정리한 것이다. 이 부부의 한 달 급여는 800만 원으로 적지 않은 금액이다. 근로 소득은 높은 편이지만 자본 소득은 없다. 단지 월급만으로 생활을 유지해나간다.

이 부부는 신도시 아파트를 매입해서 직접 거주하고 있다. 자동차도 수입차로 바꿨다. 아파트와 자동차를 구입하면서 매달 이자와 할부금으로 320만 원의 지출이 발생하고 있다.

생활비와 교육비를 포함하면 매달 720만 원을 지출한다. 최근 금리가 급격히 오르면서 아파트 대출이자가 늘어나 월급만으로는 부족한 삶을 살고 있다.

· 대기업 맞벌이 부부의 수입지출 표 ·

수입	
남편 월급	4,500,000
아내 월급	3,500,000
합계	8,000,000
지출	
생활비	3,000,000
교육비	1,000,000
자동차 할부	1,200,000
아파트 대출이자	2,000,000
합계	7,200,000

자본 소득*	-

* 일을 안 해도 자동으로 들어오는 수입

총수입	8,000,000

총비용	7,200,000

월급 외 현금흐름	- 7,200,000

대차 대조표

자산	
부동산	총비용
아파트	980,000,000
합계	980,000,000
순자산(자산 - 부채)	300,000,000

부채	
아파트 대출금	600,000,000
자동차 구입	80,000,000
합계	680,000,000

자산소득의 증가는 한 순간에 이루어지지 않는다. 매우 천천히 이루어지기 때문에 지루하게 느껴질수 있다. 하지만 철저하게 수입과 지출을 관리한다면 한번 만들어진 자산상승곡선은 쉽게 내려가지 않는다.

중요한 것은 월급이 아니다. 중요한 것은 월급을 얼마나 많이 받느냐가 아니라 꾸준한 자본 소득이 지출금액 이상으로 들어오느냐 하는 것이다. 월급이 많아지면 자연히 지출도 늘어나게 되어 있다. 이 부부는 현금흐름이 발생하는 시스템을 만들지 않고 너무 비싼 아파트를 무리하게 대출을 받아 구입했다.

10억 원에 구입한 아파트가 12억, 13억 원으로 오르면 다행이지만, 그 반대라면 가계에 큰 타격을 줄 수 있다. 실제로 최근 아파트 가격이 몇억 원씩 계속 내려가고 있다. 이 부부는 아파트를 자산이라고 생각하고 매입했지만, 매달 대출이자를 내고 있으므로 사실은 자산이 아닌 부채를 구입한 셈이다.

현금흐름을 만들 수 있는 부동산을 구입하기 위한 종잣돈을 모을 여력도 없다. 신차로 구입한 수입차도 마찬가지다. 구입한 지 3년도 안 되어 반값이 되어버렸다. 시간이 지날수록 부채가 점점 늘어나고 있는 것이다.

직장인이라면
자산 취득에 집중하라

이번에는 중소기업에 다니며 맞벌이 하는 부부의 자산 표를 보자. 이 부부의 한 달 급여는 400만 원으로 대기업 다니는 부부의 절반

· 중소기업 맞벌이 부부의 수입지출 표 ·

수입	
남편 월급	2,000,000
아내 월급	2,000,000
임대 수입	2,500,000
합계	6,500,000
지출	
생활비	2,000,000
교육비	1,000,000
다가구주택 대출이자	1,100,000
합계	4,100,000

자본 소득*	2,500,000

* 일을 안 해도 자동으로 들어오는 수입

총수입	6,500,000

총비용	4,100,000

월급 외 현금흐름	- 1,600,000

대차 대조표

자산	
부동산	총비용
다가구주택	1,200,000,000
합계	1,200,000,000
순자산(자산 – 부채)	850,000,000

부채	
다가구주택 대출금	350,000,000
합계	350,000,000

미래가격을 예상해서 일정기간 보유하다 예상하는 희망가격에 매도하는 것이 시세차익형 투자의 목적이다. 하지만 미래가격을 예상하는 것은 늘 불확실성을 내포한다.

밖에 되지 않는다.

이들은 수입이 적어서 지출을 줄이고 종잣돈을 모으는 데 집중했다. 중고로 산 자동차도 10년 넘게 타고 있다. 수익형 부동산을 취득해 250만 원의 현금흐름이 발생하고 있다.

최근 2년 사이에 전세보증금과 월세가 2배 가까이 오르고, 돈의 가치 하락, 물가 상승 등이 발생하는 걸 보니 수익형 부동산을 매입하기를 잘했다는 생각이 든다.

이 부부의 월급과 자본 소득(임대 수입)을 합하면 650만 원으로 지출금액 410만 원보다 높다. 매달 240만 원씩 현금이 쌓이게 된다. 물론 대출금리가 올라서 다가구주택을 매입할 때 발생한 3억 5,000만 원의 대출이자가 좀 더 늘어나긴 했다. 하지만 전월세 시세 또한 높아져서 올해 3가구 만기 때 200만 원을 더 올려서 임대를 놓을 예정이다.

직장인이라면 승진이나 연봉 상승을 기대하기보다 자산을 취득하는 데 전념해야 한다. 근로 소득과 자본 소득이 더해지면 경제적 자유를 향해 가는 속도는 더 빨라진다.

내가 부자가 되었다는 것을 어떻게 알 수 있을까? 어느 시점이 되어야 부자라고 할 수 있을까? 이 부부의 경우 총 수입은 650만 원으로 지출액인 410만 원보다 240만 원이 많지만, 근로 소득을 제외한 자본 소득만으로는 아직 부족하다. 자본 소득이 지출금액을 넘어설 때 비로소 부자의 시작점에 섰다고 볼 수 있다.

현재는 160만 원이 부족하지만 3가구 임차인이 바뀌어 현 시세로 다시 임대를 하게 되면 자본 소득은 250만 원에서 450만 원으로 늘어나게 된다. 이렇게 되면 월급을 제외하고 자본 소득만으로 한 달 생활이 가능해진다. 그때부터는 맞벌이를 그만두어도 좋고, 월급은 자연스럽게 쌓일 것이며, 자산이 스스로 만들어낸 금액과 근로 소득으로 벌어들인 금액을 합쳐 현금흐름을 더 빨리 증가시킬 수 있다.

이에 더해 자본 소득에서 나오는 금액보다 지출을 작게 만들고 유지할 필요가 있다. 그러면 자본 소득을 통해 경제적 자유를 이루는 일에 가속도가 붙을 것이다.

시간이 흘러도 삶이 나아지지 않는다면 현재 자신의 자산과 부채가 어떠한지 정리해보자. 지출과 부채를 줄이고 현금흐름이 발생하는 자산을 만들어보자. 월급에만 매인 사고를 빨리 바꿀수록 경제적 자유를 더욱 앞당길 수 있다.

나에게는 몇 개의
파이프라인이 있는가?

파이프라인 하나는 월급봉투 한 개와 맞먹는다. 파이프라인을 10개, 20개로 늘릴수록 돈과 시간으로부터 더 빨리 해방될 수 있을 것이다.

월급 받는
파이프라인을 설계하자

『관점을 디자인하라』를 쓴 박용후 대표는 관점디자이너로 유명하다. 그는 오피스리스 워커(Officeless Worker)로 하루 100통 이상 전화 통화를 하고, 수시로 오가는 메시지와 이메일을 이동하는 차 안에서 확인한다. 강연과 미팅이 매일 이어지는 그는 한 달에 20번 월급을 받는다고 한다. 20개의 파이프라인을 가진 셈이다.

나는 18년간 한 직장에서 근무를 했다. 마지막으로 받은 연봉은 8,200만 원 정도였던 걸로 기억한다. 일반적으로 직장인의 꿈은 임원 승진과 억대 연봉이다. 그런데 연봉이 1억 원이면 세금이 거의 40% 정도가 나온다. 중소기업 연봉에 비하면 적지 않은 금액이지만, 대기업과 중소기업은 월급과 보너스·성과금의 횟수와 금액의 차이가 있을 뿐이다.

월급은 마약이라고 하지 않았는가. 파이프라인은 많으면 많을수록 좋다. 나는 현재 직장생활을 할 때와 달리 다양한 파이프라인을 만들어가고 있다. 대략 7~8개 정도 된다. 임대 수입, 온라인 강의료, 오프라인 강의료, 출판 인세, 신축 컨설팅, 유튜브 광고 수입, 신축시행 수입 등이다.

이 중에서 가장 좋은 파이프라인은 임대 수입이다. 시간을 들여 일을 하지 않아도 매달 자동으로 들어오기 때문이다. 그 밖의 수입은 직접 시간을 투입해야 들어오는 수입이다.

1년 365일
월급을 받을 수 있을까?

그렇다면 직장인으로서 파이프라인을 늘리려면 어떻게 해야 할까? 월급 외 수입을 위해 퇴근 후 배달이나 대리운전을 하라는 말이 아니다. 일상에서 절약한 돈으로 종잣돈을 마련한 뒤 원룸이 많은 저렴한 다가구주택을 구입하거나 신축을 해서 파이프라인을 만드는 것이다.

일반 직장인은 한 달에 한 번 월급을 받는다. 1년이면 12번을 받게 된다. 추가로 보너스나 성과금이 있을 수 있다. 그런데 1년 동안 매일, 즉 365번 월급을 받는 방법은 없을까? 30개의 원룸, 즉 30개의 파이프라인을 보유하게 되면 365일 월급과도 같은 임대 수입이 들어오게 된다.

앞에서 이야기한 박용후 대표처럼 뛰어난 능력을 통해 여러 곳에서 월급을 받을 수는 없을지라도, 수익형 부동산이라는 파이프라인을 이용하면 평범한 직장인도 충분히 수입을 다각화할 수 있다.

2022년 기준 도시근로자의 월평균 가구 소득은 세전 소득 기준으로 1인은 321만 2,113원, 2인은 484만 4,370원, 3인은 641만 8,566원, 4인은 731만 4,435원이다. 대부분의 가정에서 차량을 2대 이상 보유하고 있고, 평균 수명도 83.5세로 늘어났다. 중산층도 더 많은 가처분 소득(소득 중 자유롭게 처분이 가능한 돈)이 생겼다.

이처럼 과거에 비해 외형적으로는 그럴싸해졌지만 대부분의 중산층이 월급에 의지해 한 달을 살아간다는 점에서 실제로 달라진 점은 없다고 볼 수 있다. 대출이자 등의 주거 비용과 자동차 할부금을 고려하면 자산보다 부채가 더 많아졌는지도 모른다. 예전에 비해 가구당 소득이 늘긴 했지만 부채와 근로시간 또한 늘었다.

20개의 원룸,
20개의 파이프라인

먼저 자산과 부채를 구분할 줄 알아야 한다. 로버트 기요사키는 자산과 부채에 대해 이렇게 정의했다.

"자산은 우리의 지갑에 돈을 넣어주는 것이다. 부채는 우리
의 지갑에서 돈을 빼가는 것이다."

이 말을 적용하면 자산과 부채를 쉽게 구분할 수 있다. 부자들은 현금흐름이 발생하는 수익형 자산을 취득한다. 이와 다르게 가난한 사람들과 중산층은 부채를 얻어서 그것을 자산이라고 여기며 산다.

좋은 자동차나 명품가방, 값비싼 시계가 진짜 자산일까? 많은 사람들이 실거주 아파트를 가장 큰 투자 대상으로 생각하며, 더 좋은 입지에 더 넓은 평수로 이사가는 것을 꿈꾼다. 하지만 이것은 자산이 아니라 부채에 해당한다. 보유하는 동안 대출이자가 나가기 때문이다.

한강이 보이는 40억 원의 아파트 한 채를 보유하는 게 나을까? 아니면 매달 2,000만 원의 현금흐름이 발생하는 부동산을 소유하는 게 나을까? 개인마다 추구하는 라이프스타일은 모두 다르겠지만 경제적 자유를 얻은 다음에 더 좋은 집과 갖고 싶었던 물건을 소유해도 늦지 않다. 순서가 바뀌지 않아야 한다.

내가 월 1,000만 원 이상의 현금흐름을 갖게 된 비결은 바로 수익률이 높은 다가구주택을 신축(원시취득)한 것이다. 임대수요가 풍부한 산업단지 인근의 저렴한 토지를 구입해서 여러 가구에 임대를 놓을 수 있는 다가구주택을 신축하게 되면 15~20% 수익률을 기대할 수 있다. 이보다 훌륭한 현금흐름, 훌륭한 파이프라인이 어디 또 있겠는가.

많은 부동산 전문가들이 양도차익을 목표로 저평가된 아파트를 매매하라고 이야기하지만, 나는 장기간 보유하면서 지속적인 현금흐름이 발생하며 매매차익까지 노릴 수 있는 다가구주택 투자가 더 좋다고 생각한다. 진정한 부자의 기술은 보유하는 동안 현금흐름이 마르지 않는 시스템을 갖추는 것이다.

원룸을 20채 이상 보유하게 되면 직장생활을 할 때보다 훨씬 자유롭고 경제적으로 풍요로운 인생을 살 수 있다. "원룸 20채를 어떻게 구입하나? 말도 안 된다!"라고 말할지도 모르지만 나뿐만 아니라 내 강의를 들었던 회원들은 그것이 얼마나 쉽고 좋은지 잘 알고 있다.

우선 원룸 20채만 확보해보자. 보유만 하고 있어도 원룸들이 살아 움직이면서 놀라운 힘을 발휘해 당신에게 경제적 자유를 선물해줄 것이다. 회사에 얽매이지 않아도 되고, 인생의 진정한 주인

공으로 살 수 있다. 원룸 20채가 그 하한선이다. 즉 20개의 파이프라인이다. 원룸 20채면, 한 채당 월세 50만 원으로 가정했을 때 월 1,000만 원의 현금흐름이 만들어져 상상할 수 없을 정도로 인생이 풍요로워진다.

5억 원 이하로
충분히 가능하다

원룸 20채에서 나오는 월 1,000만 원 이상의 임대 수입을 만들기 위해 필요한 자금은 얼마일까? 20억? 10억? 틀렸다. 생각보다 많은 돈이 들지 않는다. 5억 원 이하로도 충분히 가능하다.

다가구주택을 추천하는 이유가 바로 이것이다. 여러 세대로 구성되어 있는 다가구주택은 이자 없는 타인 자본인 임차인의 전세보증금을 이용해서 투자금액을 최소화할 수 있다.

다가구주택 원룸 10~19채, 고시원 건물(원룸) 30~35채, 생활형 숙박시설(원룸) 25~50채, 상가주택 등 파이프라인의 종류는 다양하다. 자본금이 부족한 투자자에게는 원룸형 다가구주택만큼 좋은 수단도 없다.

물론 처음에는 구입(신축)한 건물에서 목표 임대 수입에 도달하지 못할 수도 있다. 그러나 시간이 지나면서 직장생활로 모은 돈으로 전세를 월세로 전환하게 되면 자연히 임대 수입이 늘어나 목표 수입에 도달하게 될 것이다.

자본금이 부족한 경우 원룸 20가구 중 10가구는 전세로 설정하고 10가구는 월세로 설정할 수도 있다. 지금 당장 월세 1,000만 원의 현금흐름이 발생하지 않아도 괜찮다. 전세 10가구를 월세로 전환하겠다는 목표를 설정하고 실행한다면 그 달성 속도는 더욱 빨라질 것이며, 어느새 20가구에서 월세를 받고 있는 자신을 마주하게 될 것이다.

막연하게 임대 수입이 1,000만 원, 2,000만 원, 3,000만 원 꿈만 꾸지 말고, 공부하고 실천하면서 파이프라인을 만드는 게 중요하다. 물통(월급)을 직접 나르는 데는 한계가 있기 마련이다. 설령 물통이 커진다고 하더라도 똑같다. 파이프라인을 설치할 때는 인내와 끈기가 필요하지만, 어렵게 설치한 파이프라인에서 흐르는 물줄기는 결코 마르지 않고 계속해서 저절로 채워질 것이다.

부자가 되는
가장 현실적인 방법

소유한 부동산에서 매월 지출 이상으로 자본 소득(임대 수입)이 발생하고, 그 금액이 매달 지속적으로 늘어난다면 당신은 부자가 될 수 있다.

평범한 직장인도
부자가 될 수 있을까?

최근 한 투자증권사가 발간한 부자 보고서에 따르면 부채를 제외한 순자산이 32억 원은 되어야 부자라고 할 수 있다고 한다. 부채 없이 서울 강남 아파트 한 채를 살 수 있다면 가능한 수치다. 또한 KB금융지주에서는 부동산 50억 원 이상, 금융자산 30억 원 이상은 있어야 부자라고 분석했다.

어떤 기준을 적용하든 현실에서 부자가 되는 길은 너무나 멀게 느껴진다. 그래서 많은 사람들이 짧은 시간에 부자가 되기를 희망하며 무리하게 주식, 코인 등에 뛰어드는 것 아닐까?

부자의 사전적 의미는 '재물이 많아 살림이 넉넉한 사람'이다. 지금처럼 금리와 물가가 하늘 높은 줄 모르고 오를 때는 가계경제가 팍팍해진다. 현금흐름이라고는 맞벌이로 벌어들이는 월급이 전부인 사람은, 부자는 고사하고 한 달 생활비를 유지하기도 어려운 상황이다.

나는 현재 부동산 사무실을 운영하면서 주로 상가주택 신축과 상업용 건물 중개를 하고 있다. 대기업에 입사해 18년간 근무하면서 정년퇴직을 목표했던 나로서는 간혹 이런 변화가 스스로 믿기지 않을 때가 있다.

부동산 관련 일을 하면서 일반인들보다는 큰 건물을 소유한 분들을 자주 접하게 된다. 건물의 규모도 다양하고, 임대 수입 또한 천차만별이다. 중개를 진행하면서 해당 건물을 소유하기까지 그분들이 겪었던 에피소드를 듣게 되는데 정말 배우는 게 많다.

대부분의 사람들은 건물주가 하늘에서 뚝 떨어진 것처럼 생각한다. 직장인 연봉과도 같은 금액을 일하지 않아도 매달 벌어들인다고 하니 넘사벽이라고 느낄지도 모르겠다. 하지만 그들은 나름대로 공부하고 발품 팔며 어려운 과정들을 하나같이 겪어나갔다. 그렇게 얻게 된 자본 소득(임대 수입)이 적게는 1,000만 원 내외부터 수천만 원에 이르는 것이다.

그렇다면 평범한 직장인이 부자가 되는 가장 현실적인 방법은 무엇일까? 가장 현실적인 방법은 시간을 투입해 일하지 않아도 현금흐름이 발생하는 부동산을 소유하는 것이다. 부동산의 규모가 크지 않아도 좋다. 단돈 50만 원이라도 매달 꼬박꼬박 통장에 꽂히는 재미(?)를 알게 된다면 직장에서 받는 마약 같은 월급보다 더욱 소중하게 여기게 될 것이다.

한 달 동안의 지출 금액보다 자본 소득이 단 몇십만 원이라도 더 많아질 때, 그때가 바로 부자의 대열에 들어선 것이다. 지출을 줄인다면 더 빠르게 도달할 수 있다.

적은 돈으로도 가능한
수익형 부동산

나 역시 직장생활을 할 때는 부자가 되는 가장 현실적인 방법인 건물 소유에 대한 생각을 전혀 하지 못했다. 이미 지어진 건물을 매입하는 것이 아닌 신축으로 취득한다는 생각은 더더욱 못했다.

18년간 직장생활을 하고 부동산 공인중개사 자격증을 취득하면서 부동산에 입문했다. 그렇게 한 걸음씩 나아간 결과 2023년 기준 다가구주택을 4채 가지게 되었다. 현재 매달 자산에서 나오는 임대 수입이 1,500만 원 정도 된다. 최종 목표는 지금의 자산 소득을 두 배로 늘리는 것이다. 목표를 이루기 위해 사업 소득과 강연 수입 등 기타 소득을 모두 전세를 월세로 전환하는 데 투입하고 있다.

수익형 부동산은 처음에 시스템을 만들고 구축하는 데 시간이 다소 걸린다. 그러나 시스템을 한번 만들어놓으면 자본 소득의 증가 속도가 무척 빨라지는 것을 느끼게 될 것이다. 종잣돈 1억 원을 모을 때 드는 시간과 노력에 비해 그다음 스텝인 2억 원을 모을 때 드는 시간과 노력이 훨씬 더 적게 드는 것과 비슷하다.

수익형 부동산인 다가구·다세대 주택은 적은 비용으로도 매입(신축)이 가능하다. 나 또한 적은 비용으로 진행하느라 토지 취등록세는 물론이고, 건물 준공 후 취등록세까지 부족해서 여기저기 아쉬운 소리를 하면서 돈을 빌려 겨우 납부할 정도였다.

종잣돈이 많은 상황에서 신축을 진행했다면 마음고생을 할 일은 없었을 것이다. 하지만 다르게 생각하면 수익형 부동산은 레버리지를 최대한 이용할 수 있기에 가장 매력적인 부동산이라고도 볼 수 있다.

예를 들어 다가구주택을 10억 원으로 가정해보자. 대출 3억 원과 전세보증금 6억 원으로 세팅한다면 자기자본금은 (세금을 고려해) 2억 원 내외로 가능하다. 이처럼 투자금액이 다소 부족하더라도 일단 시스템을 먼저 구축해놓고 그다음엔 임대 수입을 늘리는 데 집중해야 한다.

전세보증금을 1억 원대로 줄이고, 월세를 늘려나간다. 그다음에는 어떻게 해야 할까? 대출 3억 원을 상환한다. 대출을 100% 상환하면 좋겠지만, 나중에 팔 것을 감안해서 대출을 5,000만 원 정도로 줄이면 대출이자가 줄어 자본 소득이 더 커진다.

간혹 대출을 전부 상환해버리는 사람도 있다. 하지만 임차인이 있는 상태에서는 대출을 다시 일으키기 어렵기 때문에 1,000만~2,000만 원이라도 남겨두어야 한다.

현금 같은
전세보증금

다가구·다세대 주택은 현금을 만들 때도 유용하다. 일부 호실을 전세로 전환하게 되면 5억~6억 원을 쉽게 만들 수 있다. 이렇게 만든 현금으로 원금 보장이 어려운 주식이나 코인에 투자하는 것은 주의해야 한다.

간혹 저렴하게 급매로 나오는 물건들을 보면, 월세를 전세로 전환해서 곶감 빼먹듯이 전세보증금을 사용해 겨우 대출이자 정도나 100만 원도 안 되는 임대 수입으로 전전긍긍하다가 매물로 내놓은 경우가 있다.

전세를 월세로 전환해서 자본 소득을 늘리는 일은 시간이 많이 필요하고 어렵기도 하지만, 그렇다고 반대로 월세를 전세로 전환해서 알토란 같은 소중한 현금을 날려버리는 실수는 저지르지 말아야 한다.

내가 생각하는 진정한 부자란 '자본 소득이 점점 증가해서 순자산이 증가한 사람'이다. 이 책을 읽는 당신이 진정한 부자가 되었으면 좋겠다.

돈이 없을수록
다가구주택을 활용하라

자본금에 여유가 있으면 월세 비중을 늘려 수익을 극대화할 수 있고, 부족하다면 전세 비중을 높여 투자금액을 최소화할 수 있다. 결국 투자금액이 가장 적게 드는 부동산은 다가구주택이다.

종잣돈이 부족해도
투자할 수 있다

우리 주변에 흔한 4~5층 높이의 다가구주택을 보면 어떤 생각이 드는가? 투자하기에 많은 돈이 필요할 것 같아 미리 겁을 먹고 접근할 수 없는 부동산이라 여기고 있지 않은가?

실제로는 지역만 잘 선택하면 아파트보다 더 적은 돈으로 다가구주택 투자가 가능하다. 아파트는 한 가구가 거주할 수 있는 형태이지만, 다가구주택은 여러 가구로 구성되어 있다. 적게는 3가구부터 많게는 19가구로 구성되어 있기 때문에 전세보증금과 대출을 이용하면 투자금을 최소화할 수 있다.

투자금이 부족하다면 전세보증금을 이용해 일단 건물을 매입하고, 추후에 월세 비중을 조금씩 늘려가는 전략을 짜면 된다. 종잣돈을 충분히 모은 다음에 투자를 하려고 하면 막상 실행할 때 해당 건물의 가격이 그대로 있지 않을 수도 있다. 토지 가격과 건축비, 인건비가 매년 급격하게 상승하고 있기 때문이다. 신축을 한다고 하더라도 마찬가지다.

지분소유가 아닌
100% 소유하는 땅

적은 투자금으로 투자할 수 있다는 장점 외에도 다가구주택 투자에는 또 다른 장점이 있다. 바로 부동산의 근원인 토지를 도시지역에서 70~80평 가량 소유하게 된다는 것이다. 아파트, 오피스텔, 단지 내 상가, 다세대주택(빌라)은 집합건물에 해당하며, 토지를 단독 소유가 아닌 지분형식으로 소유한다.

대법원인터넷등기소에서 등기부등본을 발급받아 보면 '대지권비율'로 표시된다. 예를 들어 100평 토지 위에 8가구로 구성된 다세대주택 건물 한 동이 있다면 토지지분은 각 세대별로 12.5평밖에 되지 않는다.

한때 아파트 가격이 급상승하면서 대체제로 오피스텔 분양(매매)이 과열되는 분위기가 있었다. 오피스텔은 월세를 받을 수는 있어도 시세차익을 기대하기 어렵고 환금성도 떨어져 좋은 투자라고 할 수 없다. 가장 큰 이유는 대지지분이 매우 낮기 때문이다. 오피스텔은 대부분 용적률이 높은 상업지역에 위치하고 있어서 대지지분이 매우 낮을 수밖에 없다. 아파트와 달리 주차장 면적을 포함해서 전용면적을 계산하기 때문에 더욱 그렇다.

예를 들어 오피스텔 20평형의 대지지분은 2~3평밖에 되지 않는다. 대지지분이 적은 데다 재건축을 기대하기도 어려워 가치는 더욱 떨어진다. 그에 비해 다가구주택은 70~80평 토지를 100% 소유하게 된다.

여기서 잠깐. 흔히 빌라라고 부르는 다세대주택은 각 세대별로 개별등기 되어 있다. 다세대주택을 통매로 구입하거나 신축하는 것도 좋은 방법이다. 동일 평수의 토지 위 다가구주택보다 다세대주택 통건물이 세금 부분에서 더 유리하다.

부동산은 타 재화에 비해 취득, 보유, 양도 시 많은 비용이 발생되기 때문에 세금을 중요하게 살펴야 한다. 다세대주택은 법정 면적을 갖출 경우 세금 감면이나 면제를 받을 수 있어 더욱 메리트가 크다.

다세대주택은 취득 시 해당면적이 60m^2 이하면 취득세가 면제된다. 보통 한 필지에 6~19가구로 구성되는데 모든 세대의 면적이 60m^2 이하면 취득세가 발생하지 않는다. 보유하면서 발생되는 재산세는 60m^2 이하면 50% 감면되고, 장기일반민간임대주택으로 등록하면 75% 감면된다. 40m^2 이하는 감면이다.

또한 수도권 6억 원 이하, 지방은 3억 원 이하면 다른 부동산과 합산배제되기 때문에 다주택자에게는 종합부동산세에서 훨씬 유리하다. 양도할 때 85m^2 이하는 8년 이상 장기임대를 할 경우 장기보유특별공제를 70% 받을 수 있다.

다가구주택은 시간이 지남에 따라 건물은 감가상각되지만 토지는 그대로이기 때문에 전체적으로 가치가 상승할 수밖에 없다. 또한 토지 이용 측면에서 제약이 따르는 오피스텔이나 단지 내 상가와 다르게, 건물주 자신의 의지대로 리모델링을 하거나 재건축을 통해 가치를 상승시킬 수 있다.

가장 실속 있는
투자 방법

적은 투자금으로 정말로 다가구주택을 구입할 수 있을까? 일단 다가구주택의 토지 평수는 70~80평 정도다. 수도권에 괜찮은 입지의 토지는 $3.3m^2$(1평)당 1,000만 원 내외다. 그러면 토지 가격만 8억 원이라는 말이다. 토지를 구입한다고 하면 취등록세를 제외해도 최소 2억 원 이상 필요하다. 토지 자체만으로는 수입이 전혀 발생하지 않으니 아파트처럼 가격 상승만 기대할 수 있다.

그러면 어떻게 적은 금액으로 가능하다는 말인가? 다가구주택을 구입하거나 신축을 하면 토지뿐 아니라 건물까지 소유하게 되기 때문에 가능하다. 더 정확하게는 건물에 각 세대별 전세보증금이 있기 때문이다. 토지 대출금과 전세보증금을 이용하면 적은 돈으로도 충분히 투자할 수 있다. 뒤에서 설명하겠지만 돈이 전혀 들지 않고 오히려 생기는 건물도 있다.

우선 아끼고 모아서 조금이라도 더 종잣돈을 만드는 데 집중해야 한다. 그리고 건물 투자를 나와는 상관없는 먼 이야기로만 생각하지 말자. 나 또한 처음에는 1억 원이 안 되는 금액으로 시작했다. 그것도 신축으로 말이다. 그렇게 시작해 지금은 4채로 늘어났다.

건물을 여러 채 소유해야 한다는 말이 아니다. 건물을 한 채라도 소유하면서 꾸준하게 임대 수입이 나오는 구조를 만드는 게 중요하다. 퇴직금이나 수년 동안 모은 종잣돈을 주식이나 가상화폐로 날려버리는 실수를 하지 말아야 한다.

전세보증금을 지렛대로 활용한 투자가 가능하며, 도시지역의 토지를 지분소유가 아닌 100% 소유할 수 있어 지속적인 지가 상승을 기대할 수 있는 다가구주택 투자! 다가구주택은 가진 돈이 없을수록 공부하고 투자해야 하는 실속 있는 투자 방법이다. 투자금액이 적다고 해서 지레 포기하거나 공부를 게을리하지 말자. 생각보다 훨씬 적은 금액으로 매입할 수 있는 물건이 많다. 그 기회를 찾아 내 것으로 만드는 데 집중해야 한다.

다가구주택을 매입해 월세 세팅을 해두었다면 하나의 시스템을 갖추게 된 것이다. 임대 수입이 매달 꾸준히 나오는 다가구주택은 지금처럼 금리가 올라도 영향을 덜 받는다. 수익이 조금 줄어들지는 몰라도 임대 수입은 끊임없이 창출되기 때문이다.

W

수익형 부동산의 종류와 장단점을 오랫동안 검토하고 분석했다.
매물의 가격은 예상했던 대로 비쌌고, 투자금도 많이 필요했다.
마음에 드는 물건이 아니어도 가격이 높았고, 임차 업종이 좋고 외관이 멋있으면
가격은 더욱 천정부지였다. 신축 매물은 거의 없었고, 그나마 있는 것은 너무 비쌌다.
'세상에 공짜는 없다'는 말처럼 노력이나 대가 없이 거저 가질 수 있는 건 없었다.
건축과 임대에 쏟은 건물주의 노력과 시간에 대한 보상이 건물의 매매가에 녹아 있는 것이었다.
오랜 검토 끝에 건물을 짓기로 결정했다. 결국 나는 건물주가 되었고 월급쟁이 생활을 끝냈다.
이번 장에서는 내가 직접 경험하고 공부하며 얻은,
예비 건축주를 위한 작지만 소중한 노하우를 설명하겠다.

2장

실행하면 대박인
건물 신축
노하우

다가구주택 신축 절차
A to Z

상가주택을 직접 짓는 일이 겁나고 막연하게 느껴지는가? 건축사와 시공사만 잘 선정해도 많은 부분 해결할 수 있다. 2억 원 이상 아낄 수 있는 데다 경험도 쌓이게 될 것이다.

조금만 공부한다면
신축도 어렵지 않다

이런 말을 한 번쯤은 들어봤을 것이다. "집 한 채 지으면 10년 늙는다." 평생 살면서 집을 짓는 경우가 거의 없을 만큼 사람들은 건축을 두려워하고 남의 일로 여긴다. 길을 지나다가 유치권 현수막이 걸린 채 건축이 중단된 건물을 볼 때면 더더욱 건축에 대한 생각은 흐릿해지기 마련이다.

어렵다는 선입견 때문에 신축을 망설이고 있다면 이제 그러지 않아도 된다. 요즘은 건축이 많이 투명해졌고, 진입장벽도 낮아졌다. 건축 용어나 과정을 조금만 공부한다면 순조롭게 건물주가 될 수 있을 것이다.

건축과를 나오지 않은 나도 신축 건물을 4채나 지었다. 처음에는 모든 것이 어렵고 서툴겠지만 과정이 반복되다 보면 자기만의 노하우가 쌓이게 된다.

우선 아주 기본적인 것부터 소개하겠다. 건축 용어 중에 '대마'라는 용어가 있다. 건축현장에서 50가지 종류의 건축공사 인부들을 지칭하는 말이다. 가장 비중을 많이 차지하는 4대 대마로 목수, 설비, 전기, 철근이 있다.

· 대마의 종류 ·

토목설계, 건축설계, 장비, 레미콘, 철물, PVC배관, 외장목수, 철근 시공, 전기, 설비, 단열재, 창호, 벽돌, 돌, 페인트, 실리콘, 벽돌메지, 석고미장, 타일, 도기, 새시, 방통(자갈), 보일러, 기포, 천장, 조명, 내부 인테리어 목수, 필름, 아트월(돌, 벽지), 하이스톤, 화장실 돔 천장, 싱글(지붕), 스티로폼, 시멘트 외.

신축의
기초적인 절차

신축을 하려면 무엇부터 시작해야 할까? 단독주택, 다가구주택(상가주택) 등 소규모 주택 신축의 전반적인 절차와, 각 절차에서 챙겨야 할 것들은 무엇이 있는지 알아보자.

1. 지역 선택

- 어느 지역에 건물을 지을지 결정해야 한다. 입지의 중요성은 아무리 강조해도 지나치지 않는다. 입지가 좋지 못해 준공 후 공실이 생기면 수익률에 미치는 영향이 매우 크다. 교통 호재와 같은 지역 발전 가능성이 있는지, 임대수요가 풍부한지 확인하며 지역을 선정한다. 부동산 사무실을 통해 해당 지역의 전월세 임대료 수준과 상가 임대료 수준을 파악하는 것도 필수다.
- 자본금과 차입금 여력을 고려해 지역을 선정한다. 수도권의 도심 지역만이 임대수요가 풍부한 것은 아니다. 자본금이 부족할 때는 땅값이 저렴한 외곽지역까지 충분히 검토해보는 것이 좋다.

2. 건축 규제 사항 확인

- 건축 규제 사항을 확인해야 한다. 건축 규제 사항에 따라 건물의 외부 형태나 자재가 달라지므로 이를 중요한 판단 요소로 여겨야 하며 반드시 꼼꼼하게 체크해야 한다. 예를 들어 최근 개정된 건축물의 방화기준에 관한 규칙에 따르면, 3층 이상 또는 높이 9미터 이상인 건축물의 인접 대지선과 경계선 간 거리가 1.5미터 이내이면 방화유리창을 의무 설치해야 한다.

- 일조사선 제한 등을 확인한다. 일조사선 제한으로 건물 일부의 사용이 제한된다면 연면적에 손해를 보게 된다. 방의 크기나 가구수가 줄어 수익에 영향을 줄 수 있으므로 매매하기 전에 꼭 체크해야 한다.

3. 건축허가 및 대출

- 토지 또는 구도심의 구옥을 매매할 때는 매매계약서에 '매도자 명의로 건축허가를 받을 것'이라는 특약을 넣어야 한다. 이렇게 하면 건축허가 취득에 필요한 시간을 줄일 수 있다. 또는 잔금 전 매도자에게 '토지사용 승낙서'를 받아 건축허가를 진행하는 방법도 있다(건축허가 취득 → 잔금 처리 → 건축주 변경 신고).

- 택지매입을 위해 대출을 실행해야 할 경우에는 향후 지어질 건물에 대한 추가 대출(또는 기존 대출)도 은행과 미리 협의해 놓는 것이 좋다. 그래야 대출 진행이 순조롭다.

4. 건축설계사무소 및 토목설계소 선정

- 건물을 짓는 데 기본이 되는 설계도면을 작성하는 건축설계사무소(건축사)를 선정해야 한다. 건축설계사무소를 선정하는 일은 건축 절차의 대부분을 차지한다고 할 만큼 중요한 일이기 때문에 특히 신중해야 한다. 건축사의 역량에 따라 건물의 형태가 달라지고, 공간의 배치나 활용도에서 큰 차이가 날 수 있다. 특히 공간 활용도는 임차인의 선호도와 직결되는 문제다. 참고로 건축사는 건축주를 대신해 건축허가를 진행할 수 있다(온라인 건축행정시스템 '세움터' 이용).
- 석축쌓기, 성토, 절토 등 토목설계가 필요하다면 토목설계소도 선정해야 한다.

5. 시공사 선정

- 건설 시공사를 선정할 때 가장 중요한 고려사항은 시공사가 설계사무소의 설계 의도를 잘 파악하고 지을 수 있는 곳이냐는 점이다. 간혹 건축사와 시공사 간 의견이 맞지 않아 잡음이 생기기도 하는데, 그럴 경우 마음고생은 건축주의 몫이 된

다. 또한 재무 건전성이 좋은 곳을 선정해야 한다. 중소형 주택을 주로 시공하는 작은 건설사는 재무 상태가 좋지 않은 경우가 많다. 신규 공사를 수주해 앞의 공사 대금으로 대용하는 등의 일을 조심해야 한다.

• 여러 시공사의 견적서를 비교, 분석해서 합리적인 가격과 신뢰할 수 있는 시공 능력을 제시한 곳을 선정해야 한다. 견적서 항목이 달라 파악하기 힘들다면 건축사에게 조언을 구하는 것도 좋다. 건설 현장에 배치되는 현장소장의 역량에 따라 준공 시기가 달라질 수 있고, 하자 또한 없거나 많을 수 있다. 예를 들어 건물 골조공사 때 방수가 잘못되면 건물에 물이 샌다. 현장소장이 꼼꼼히 확인했다면 건물의 하자 여부는 충분히 달라졌을 것이다.

6. 사용승인(준공) 절차

• 건축이 완료되면 사용승인을 신청한다. 이때는 사용승인신청서와 함께 해당되는 공사완료도서를 첨부해 허가권자에게 제출해야 한다.

• 허가도면에서 변경된 사항이 있을 경우엔 설계변경사항이 반영된 최종 공사완료도서를 제출한다. 시공이 적법하게 진행되었는지 감리자가 감리한 뒤에 작성한 감리완료보고서를 제출한다. 허가조건 이행조서는 해당 구청에서 사용승인 시

허가조건을 제대로 이행했는지 확인하는 서류로, 전기, 소방, 정화조, 조경, 차면시설, 하수도, 승강기 등 각종 허가필증을 구비해야 한다. 그 밖에 건축법에서 정한 서류를 첨부해야 한다.

- 서류상 내용과 실제 시공 상태가 일치하는지 허가권자가 현장을 확인하는 절차인 '특검(사용승인 업무대행)'을 통과하면 사용승인이 나온다.

7. 보존등기 및 하자보수

- 사용승인 후 건축사가 세움터를 통해 등록을 하면 '건축물대장'이 발급된다. 그런 다음 취등록세를 납부하면 보존등기를 통해 드디어 건물주로 이름을 올리게 된다.
- 하자보수증서는 시공사가 건설공제조합에서 발급받아 건축주에게 제출한다. 하자가 발생하면 건설공제조합에 요청해 처리하면 된다.

· 건축시공 과정 ·

1	공사 시작	12	시스템 비계 설치	23	외벽 시공 (조적, 석재)	34	시스템 에어컨 설치
2	PHC 파일항타	13	1층 종료 후 설비, 전기배관 작업 동바리(가설재)	24	내부설비 및 전기공사 (E/V설치 기초공사)	35	싱크대 위치 선정 (E/V 마무리 공사)
3	터 파기 바닥단열재 기초공사 시작	14	1층 콘크리트 타설	25	계단 및 복도 석재	36	내부 타일 작업
4	정화조, 상, 배수, 전기시설, 등 위치 확보	15	양생 후 폼 해체	26	외벽 마감 후 기와 및 징크 작업(외벽 마감 후 샤시틀 작업)	37	욕실 화장실 천정돔 시공
5	발주 (철근, 레미콘)	16	골조공사 종료	27	시스템 비계 철거	38	내부조명 작업
6	버림콘크리트 기초 기둥, 보, 바닥 토지기반 작업	17	도로명 주소 신청	28	석고 시공	39	싱크대 설치
7	콘크리트 양생 후 거푸집 철거 되매우기	18	문틀 및 샷시틀 설치	29	층간 소음재 시공	40	위생도기 설치
8	건축주 협의 외벽선정 및 내부색상 인테리어 선정	19	에어컨 실외기 배관	30	기포 콘크리트 타설	41	주차장, 조경 시공 (외부 주차장 천정 시공)
9	건물외형공사 (철근콘크리트 구조)	20	내부 미장 작업 문틀사춤	31	엑셀파이프 시공	42	에어컨 실외기 설치
10	골조(구조)공사 시작	21	건물 외부 방수 작업	32	몰탈 콘트리트 타설	43	노출부위 (옥상, 테라스) 방수 작업
11	1층 바닥 네모도 작업 거푸집 시작	22	외벽 단열재	33	인테리어 목수 작업	44	공사 종료

신축할 때
가장 궁금한 것들

도급계약서를 잘 쓰는 일보다 중요한 건 애초에 믿을 만한 시공사를 선정하는 일이다.
시공사를 잘 선택하면 계약서를 들여다볼 일이 없다.

예비 건축주를 위한

건축 이모저모

구축 건물의 경우에는 수익률을 따져보며 매매 여부를 판단하면
된다. 하지만 신축을 진행하는 경우에는 그 밖에 고려할 사항이 꽤
많다. 예비 건축주들이 가장 많이 궁금해하는 것들은 어떤 것들이
있을까?

평당 건축비, 건축사 선정 방법, 시공사 선정 방법, 계약서 작성

시 주의할 점, 건축 기간 등 지금부터 궁금증을 하나하나 풀어보면서 각 내용별 유의할 점까지 이야기해보겠다.

평당 건축비와
건축사 선정 방법

신축을 하기로 마음먹었을 때 가장 궁금한 것은 바로 '건축비'일 것이다. 건축비는 범위가 워낙 넓은 영역이라 딱 잘라서 얼마라고 하기가 참 어렵다. 마감자재와 시공 방법에 따라 평당 공사비가 천차만별이기 때문이다.

건축비에 대한 질문은 미혼인 친구가 결혼한 친구에게 결혼 비용이 얼마 들었는지 묻는 것과 비슷하다. 이 질문을 듣고 어떤 친구는 결혼식에 든 비용만 말해줄 수도 있고, 어떤 친구는 신혼여행 경비까지 몽땅 포함해서 말해줄 수도 있다. 고급호텔에서 진행하느냐, 일반 웨딩홀에서 진행하느냐에 따라서도 가격이 크게 차이가 난다.

평당 공사비는 전체 공사비를 연면적으로 나눈 금액이다. 1층은 근린생활시설로, 2~4층은 주택으로 구성되어 있는 4층 상가주택을 예로 들자면, 최근 원자재 가격이 많이 올라 대략적으로 평당 500만~600만 원 정도로 형성되고 있다. 다시 말하지만 이는 대략적인 비용이다. 또한 설계비, 감리비, 인입비 등의 포함 여부에 따라 평당 가격이 크게 달라진다.

건축사는 어떻게 선정하면 좋을까? 주변에 마음에 드는 건물이 있다면 그 건물의 건축물대장을 발급받아보자. 건축물대장에 건물을 설계한 건축사의 상호가 기재되어 있을 것이다.

건축사 정보는 대한건축사협회(www.kira.or.kr)에서 확인할 수 있다. 3~4군데 이상의 건축사 사무실에 방문해 상담을 받아보고 사무실 규모나 분위기 등을 파악해본 뒤에 신중하게 건축사를 선정하는 것이 좋다.

건축 설계를 할 때 간혹 건물 외관 디자인을 과도하게 신경 써서 좋은 마감재를 선택하는 경우가 있는데, 이 경우 건축비가 상승해 수익률이 떨어질 수 있음을 주의해야 한다. 우리가 수익형 부동산을 신축하려는 이유는 수익을 얻기 위함이다.

직영공사와
업체 계약공사

건축사를 선정해서 도면까지 완성했다면 그다음으로 건축주가 꼭 알아야 할 부동산 지식은 바로 시공이다. 건축주는 보통 이 부분을 가장 어려워한다. 우선 시공 방법은 다음과 같이 크게 2가지로 구분된다.

먼저, 전문 시공업체를 통하지 않고 직접 다수의 업체와 공정을 관리하는 직영공사 방법이다. 직영공사를 선택하면 부가세와 시공사 이윤, 관리비 등의 비용이 줄어 건물의 환금성과 수익률을 증대할 수 있고, 나중에 매도할 때 시세차익도 커진다. 토지를 저렴하게 매입해서 직영공사로 신축한 경우에는 급매보다 비용이 덜 들기도 한다.

다음으로, 전문 시공업체와 계약해서 진행하는 방법이 있다. 수익률 측면에서는 직영공사가 더 유리하지만 법 개정으로 60평 이하의 1~2층 단독주택(1가구)을 제외하고는 이제 직영공사를 할 수 없게 되었다. 2018년 6월 27일 개정된 '건설산업기본법'에 따르면, 연면적 200m²(약 60평) 이상 건물 신축 시 종합건설면허가 있는 건설회사만 공사를 할 수 있다.

시공사를
선정하는 법

시공사는 어떻게 선택할까? 건축설계 이상으로 중요한 것이 시공사 선정이다. 흔히들 지인을 통해 건설사를 소개받는다. 또 다른 방법은, 인근에 신축한 건물의 현장소장이나 건축허가표지판을 보고 연락해보는 것이다. 건축 분야별로 3~5군데 정도의 업체를 다양하게 선정하는 게 좋다.

업체를 선정할 때는 건설면허를 보유했는지와 실제 시공 사례를 점검해야 한다. 다른 회사의 건설면허를 빌려서 시공하는 업체도 있는데 이런 업체는 추후 하자관리, 공사비 지급 및 결재, 행정처리 등에서 문제가 생길 확률이 크다.

'시공능력평가제도'란 국토교통부가 전국 건설업체를 대상으로 최근 3년간 공사실적의 연 평균액, 경영 및 재무 상태, 기술능력, 신인도 등을 종합적으로 평가해, 각 업체가 1건 공사를 수행할 수 있는 능력을 금액으로 환산한 다음 매년 7월 말에 공시하는 제도다. 대한건설협회 홈페이지에서 '시공능력평가 순위'를 확인할 수 있다.

회사에 입사하기 위해 제출하는 입사지원서처럼, 건설사도 시공업체로 지명되기 위해 설명하는 문서인 '지명원'을 작성해 제출한다. 이것을 통해 건설사에 대한 전반적인 내용을 확인할 수 있다. 만약 지명원 제출을 꺼리는 건설사가 있다면 건설면허를 대여해 시공하는 업체라고 생각하면 된다.

신축을 진행할 때는 자금이 부족할 수밖에 없다. 하지만 그렇다고 해서 저렴한 견적서를 제출한 업체를 무조건적으로 선정해서는 안 된다.

공사원가 계산서는 자재비, 인건비, 관리비, 경비, 이윤 등으로 이루어져 있으며, 손쉽게 이해할 수 있다. 계산서를 들여다보고 제시한 금액이 합리적인 금액인지 아닌지 하나하나 따져가며 판단해야 한다.

건축공사의 비용은 자재비(40~50%)와 인건비(20~30%) 등의 직접 공사비와 기타 경비(10~15%)로 이루어진다. 기타 경비는 산재, 고용보험료, 4대보험료, 인입비, 일반관리비(5~10%), 부가세 등 공과금 성격의 비용과 건설회사에서 공사를 해주고 남는 이윤(5~10%)으로 구성된다.

줄일 수 있는 건 자재비와 인건비밖에 없는데, 요즘은 인터넷에 자재 관련 정보가 거의 다 공개되어 있기 때문에 결국 건축비를 판가름하는 것은 인건비다.

시공사와 계약서를 작성할 때 각별히 주의할 점이 있다. 건축 중에 분쟁의 소지가 일지 않도록 건축주와 시공사가 부담할 내역을 사전에 미리 정의해놓는 것이다. 그래야 나중에 안전하다. 계약서를 잘 써놓아야 건설 과정에서 발생하는 각종 문제에 기준을 가지고 대처할 수 있다.

그런데 사실 계약서를 잘 쓰는 것보다 훨씬 더 중요한 일은 신뢰할 수 있는 시공사를 선정하는 일이다. 아무래도 건축주는 건설사업에 익숙하지 않을뿐더러 법적인 문제를 다루는 일도 쉽지 않기 때문이다.

정부는 건설산업기본법에 따라 민간건설공사에서 사용하도록

'민간건설공사 표준도급계약서'를 고시하고 있다. 계약서 작성 시 가장 중요한 부분은 기성비 지급일정, 하자담보, 지체상금, 대금지급 이자다.

- **기성비 지급:** 이미 이루어진 만큼 지급하는 것이다. 이런 방식은 하나의 제품을 제작하는 데 오랜 기간이 소요되는 건설과 조선업에서 주로 사용된다. 기성비를 지급할 때는 설계서에서 명시된 것들이 이루어졌는지 확인하는 절차가 필요하다. 각 공정별로 누락된 것이 없는지 확인한 뒤 지급하는 것이다. 지급은 계약금, 중도금(1~3차), 잔금 식으로 진행된다.

- **하자담보:** 아무래도 사람이 하는 일이라 실수가 없을 수 없다. 결로나 방수 등의 하자 발생 시 시공사에서 보수 기간을 각각 정하고 있다.

- **지체상금:** 준공일자에 공사가 완료되지 않으면 가산되는 것인데, 그 비율은 공사비에 따라 차이가 있다. 일반적으로 하루에 공사비의 0.1%로 책정된다. 이상기후(기나긴 장마)나 코로나19 등으로 발생한 자재수급 지연은 묻지 않기도 한다.

- **대금지급 이자율:** 건축주가 기성비를 늦게 지급한 경우 시공사에 대가를 지불하는 것이다. 통상 은행 예금 상품 이자율 정도로 기술하는데, 표준계약서에서는 수급인의 기성 검사 요청일로부터 14일 이내에 검사 결과를 통지하도록 하고 있다.

- **특약 부분:** 공사비 조정 시 조건이나 마감자재의 상세 정의, 시공사와 건축주의 부담 비용 등이 기술되어 있다.

4층 상가주택의 실제 건축 기간은 지하층 공사를 하지 않는 전제하에 통상 총 4~5개월 정도다. 여기에 예상보다 길어진 장마, 코로나19의 발생, 시멘트 파업, 화물운송 파업, 레미콘 파업 등 기후나 조건에 따라 공사가 지연되기도 한다.

또한 건축주의 변심으로 설계가 변경되어 수정, 보완이 이루어져 지연되는 경우도 있다. 시공사와의 분쟁(추가 공사비용)으로 인해 공사 기간이 중단되거나 연장되기도 한다.

민간건설공사 표준도급계약서

1. 공 사 명 :

2. 공사장소 :

3. 착 공 년 월 일 :　　　년　　　월　　　일

4. 준공예정년월일 :　　　년　　　월　　　일

5. 계약금액 : 일금　　　　　　　원정 (부가가치세 포함)

　(노무비 : 일금　　　　　원정)

　※ 건설산업기본법 제88조 제2항, 동시행령 제84조 제1항 규정에 의하여 산출한 노임

6. 계약보증금 : 일금　　　　　원정

7. 선　　금 : 일금　　　　　원정

8. 기성부분금 : (　　)월에 1회

9. 지급자재의 품목 및 수량

10. 하자담보책임(복합공종인 경우 공종별로 구분 기재)

공종	공종별 계약금액	하자보수보증금율(%) 및 금액	하자담보책임기간
		(　　) %　　　원정	
		(　　) %　　　원정	
		(　　) %　　　원정	

11. 지체상금율 :

12. 대가지급 지연 이자율 :

13. 기타사항 :

　도급인과 수급인은 합의에 따라 붙임의 계약문서에 의하여 계약을 체결하고, 신의에 따라 성실히 계약상의 의무를 이행할 것을 확약하며, 이 계약의 증거로서 계약문서를 2통 작성하여 각 1통씩 보관한다.

붙임서류 : 1. 민간건설공사 도급계약 일반조건 1부

　　　　　 2. 공사계약특수조건 1부

　　　　　 3. 설계서 및 산출내역서 1부

20○○년　○월　○일

도급인　　　　　　　　　　　　수급인

　주소 :　　　　　　　　　　　　주소 :

　성명 :　　　　　　(인)　　　　성명 :　　　　　　(인)

월 1,000만 원 버는 상가주택,
잘 사서 잘 짓는 법

안정적으로 월 1,000만 원이 들어오는 상가주택을 짓는 일은 말처럼 쉽지 않지만, 기본적인 건축 과정을 공부하고 신뢰할 수 있는 시공사를 선택한다면 충분히 가능하다.

월 1,000만 원 수익을 위해
필요한 돈

은행 이자로 월 1,000만 원의 수익을 얻으려면 얼마를 예금통장에 넣어두어야 할까? 금리가 올라 운 좋게 5% 이자를 받을 수 있다고 쳐도 24억 원이 통장에 있어야 한다. 금리가 다시 내려서 2%가 되면 무려 60억 원이 통장에 있어야 월 1,000만 원을 기대할 수 있다. 평범한 직장인은 엄두도 내지 못할 금액이다.

구분	이익 (1,000만 원/월)		
	예금금리 2%	예금금리 2.5%	예금금리 5%
필요 금액	60억	48억	24억

그런데 수익률이 7%인 수익형 부동산에 투자한다면 어떨까? 은행 예금의 절반도 안 되는 돈으로 월 1,000만 원의 수익을 달성할 수 있다. 만약 7% 수익률에 만족하지 않고 토지를 사서 직접 건축을 진행해 수익을 극대화한다면? 생각보다 적은 몇억 원으로도 월 1,000만 원 현금흐름이라는 목표에 다다를 수 있다. 지금부터 그 방법을 집중적으로 살펴보자.

원리를 이해하면
누구나 할 수 있다

누구나 건축에 대한 부담감과 두려움이 있다. 하지만 그것을 이겨내고 실천한다면 고정적인 현금흐름을 통해 경제적 자유를 얻게 된다. 실제로 내 주위에는 두려움을 깨고 과감히 실천해서 이루어 낸 사람들이 많다.

수익형 부동산인 상가주택은 수익률을 빼놓고 이야기할 수 없다. 수익률은 공실률과 밀접한 관련이 있고, 공실률은 지역을 선정하는 데 영향을 끼친다.

건물을 취득할 때 비용을 충당하는 방법은 다양하다. 드물지만 임대수요가 폭발적이고 높은 수익률이 예상되는 곳은 자본금 5억 원 내외의 금액으로도 건축이 가능하다. 건설회사가 건축비를 회수할 수 있다는 확신이 있는 경우, 건설회사의 돈으로 건설을 진행한 뒤 추후 발생되는 보증금과 건물추가대출로 건설 비용을 충당할 수 있다. 아주 드문 경우지만, 실제로 내 주변에는 이런 방식으로 건축을 진행하는 이들이 많다.

다음은 4억 중반의 금액으로 신축을 통해 현금흐름을 만드는 예다. 총 필요 금액은 토지비용 10억 원과 건축비 11억 원을 포함한 21억 원이다(취등록세 별도). 하지만 실제로는 투자금액 4억 5,000만 원로도 가능하다. 토지담보대출(7억 원), 건물담보대출(5억 원), 전세보증금(4.5억 원)이라는 지렛대를 이용하면 말이다. 예상 임대내역은 94쪽의 표와 같다('호실별 예상 임대료' 표).

만약 월세를 전세나 반전세로 바꾸어 임대하게 되면 실투자금이 절반 정도로 줄게 된다. 반대로 투자금액을 늘려 4층 쓰리룸을 반전세나 월세로 전환하면 월 수익은 더 늘어날 것이다. 자금 상황이나 계획에 맞추어 임대 세팅이 가능하다.

대출 12억 원이 부담될 수 있다. 그러나 대출이자는 임차인이 낸 월세로 충당하기 때문에 실질적인 부담이 아니다. 수익률을 계산

위치	경기도 남부 ㅇㅇ신도시 C급 위치의 점포 겸용 단독주택지 73평
평당 토지가격	1,370만 원
가구수 제한	총 5가구(투룸 4가구, 쓰리룸 1가구) + 1층 상가
전월세 시세	투룸 전세 1억 8,000만 원~2억 원 투룸 월세보증금 2,000만 원/월세 150만 원
평당 건축비	687만 원(파일작업, 설계비, 감리비, 인입비, 부가세 등 포함) – 부족한 건축비는 대출과 전세보증금으로 상환하기로 함
건폐율과 용적률	건폐율 60%, 용적률 180%
대출 가능 금액 (금리 4% 후반)	토지담보대출 7억 원 가능. 건물담보대출 5억 원 가능 – 대출금리는 보수적으로 7% 중반까지 오를 것으로 예상
토지와 건물 취등록세	약 7,000만 원
공실률	제로로 예상됨

해보면, 4%로 가정할 때 무려 15%에 가까운 수익률이 나온다. 금리가 오를 것을 감안해 보수적으로 7%를 적용해도 수익률 8%라는 우수한 수치가 나온다.

이 원리를 이해한다면 돈이 많지 않더라도 누구나 신축으로 수익형 부동산을 만들 수 있다. 더구나 상가주택은 다른 부동산에 비해 레버리지 효과가 더 크다. 무이자나 다름없는 전세보증금을 이용하면 적은 투자금으로도 현금흐름을 발생시킬 수 있고, 시간이 흐를수록 그 규모는 더 커질 것이다.

신축 4층 상가주택						
소 재 지					건축 년도	건물 용도
대　　지	73평		도로 상황			
연 면 적	130평		건물 외형			
난방 방식			건물 상태			
층별	세대수	보증금	월세	비고		
1층	상가	5,000	400		토지+건축	210,000
					보증금	45,000
2층	201호	2,000	150	R2		
	202호	2,000	150	R2	월세금액	1,000
3층	301호	2,000	150	R2	대출금액	120,000
	302호	2,000	150	R2	대출이자	
4층	401호	32,000		복층	투자금	45,000
합계		45,000	1,000		수익률	

경사지는
오히려 기회다

경사면을 활용한 지하층처럼 법적 용적률에 포함되지 않는 토지를 찾을 수 있는가에 따라 동일 평수의 토지라도 차별화된 사업성과 수익성을 기대할 수 있다.

수익률을 높이는
옥석 찾기

토지개발업자는 저렴하게 토지를 매입해 개발한 뒤 투자자에게 매도함으로써 마진을 챙긴다. 이들은 토지를 저렴하게 구입할수록 마진이 커지기 때문에 누구나 다 좋게 보는 정상적인 토지보다 못생긴(?) 토지를 찾는 데 집중한다.

도로에 접한 푹 꺼진 토지나 소규모 토지를 매입한 다음 인접한

맹지를 헐값에 매입하는 등 토지의 부족한 부분을 보완해 가치를 끌어오는 것이 관건이다. 이처럼 대중들이 보지 못하는 옥석을 찾아내는 일은 비단 토지개발에만 해당되는 것은 아니다.

유명 연예인이 리모델링이 필요한 오래된 건물이나 경사진 도로에 접한 건물을 매입했다는 기사를 본 적이 있을 것이다. 일반적으로 경사길에 위치한 건물은 1층이 가려져 꺼리는 사람이 많다. 이런 건물은 위에서 내려다볼 때 절반 이상 묻혀 있는 층을 지하층으로 본다. 그런데 지하층은 현행법상 건물의 연면적을 제한하는 용적률에 포함되지 않는다. 즉 신축 시 평지에 있는 건물보다 층수를 더 올릴 수 있어 수익률을 극대화할 수 있다는 이야기다.

경사면을
활용하는 방법

용적률은 대지면적에 대한 건물 연면적의 비율로, 건물을 얼마나 높게 올릴 수 있는지에 대한 개념이다. 지상으로 올릴 수 있는 층이 높을수록 임대면적이 증가되어 결국 임대 수입도 늘어난다. 즉 용적률은 사업성을 결정짓는 척도가 되며, 그래서 용적률 상한이 높은 토지를 사람들이 선호하는 것이다.

용적률을 구할 때 건물 연면적에 포함되지 않는 곳이 있다. 바로 지하층, 지상 주차장 면적 중 필로티 부분, 발코니 확장 면적이다. 용적률에 포함되지 않지만 공사비에는 포함되어 실제 용적률에 대비 금액보다 더 많은 비용이 발생하게 된다.

용적률을 극대화하는 대표적인 사례는 경사지 땅을 활용하는 것이다. 지하층은 용적률에 포함되지 않기 때문에 경사진 땅으로 지하층의 기준을 만족할 수 있다면 이를 활용해 임대 수입을 극대

・ 지하층을 활용해 용적률을 극대화한 상가주택 사례 ・

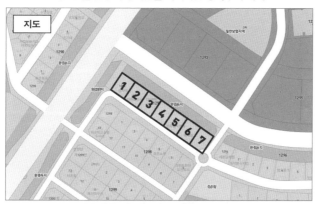

화할 수 있다. 해당 사례로 경기도 남부 택지지구 상가주택 사례를 소개한다.

단독주택지 계약이 나왔는데 상업용지를 마주하는 7필지 중에 하나의 토지를 선택해야 하는 상황이라고 가정해보자. 7필지 모두 면적이 동일해서 지도상으로 큰 차이가 없어 보인다.

실제 현장의 모습을 살펴보겠다. 로드뷰에서도 큰 차이가 보이지 않는다. 보통 7필지 중에 하나를 선택하라고 하면 많은 사람들이 3면 코너인 7번 토지를 선택한다. 차가 다니는 주출입구로 가시성이 좋고, 메인도로와 접해 있기 때문이다.

하지만 해당 건물들을 자세히 관찰해보면 층수가 다르다는 것을 알 수 있다. 이 경우 경사면을 활용해 지하층으로 인정받아 5개

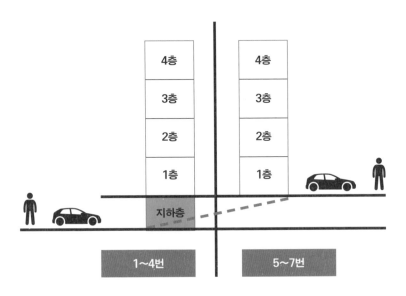

층으로 지어진 건물과, 지상 4개 층으로 지어진 건물로 구분된다. 1~4번 건물은 5개 층 건물이고, 5~7번은 4개 층 건물이다.

택지투자를 하거나 택지지구에 신축할 때 지도만 보고 분양을 받거나 선택하는 분들이 종종 있다. 그럴 경우엔 중요한 사항을 놓칠 수 있기에 최소한 토지이용계획확인원, 로드뷰, 위성사진, 현장답사를 통해 일조권이나 경사도를 확인해야 한다. 경사진 땅을 제대로 활용하면 건물의 가치가 훨씬 높아진다.

결과적으로 임대 수입이 1개 층에서 더 나오고 코너에 위치한 1번 토지가 가장 좋은 토지라고 볼 수 있다. 1번 건물의 일반건축물대장을 보면 지하1층이 용적률에 포함되지 않아 총 5개 층으로 건축된 것을 알 수 있다.

· 일반건축물대장 양식 ·

꼭 택지지구가 아니더라도 구도심에서 신축을 할 때도 이렇게 경사면을 활용하는 방법을 알고 적용하는 것이 매우 중요하다. 경사면을 활용한 지하층처럼 법적 용적률에 포함되지 않는 사업 용적률을 얼마나 찾을 수 있느냐에 따라 차별화된 사업성과 수익성을 기대할 수 있다.

평소 길을 다닐 때 경사지를 보게 된다면 경사면에 접한 건물의 1층이 실제로 1층인지, 지하층이라면 어떤 식으로 활용했는지 주의 깊게 확인해보는 습관을 들여보자. 다양한 사례를 통해 응용력을 키우다 보면 다른 사람의 눈에 띄지 않은 차별화되고 저렴한 경사지를 구입할 수 있는 기회를 얻게 될 것이다.

택지지구에
내 건물 세우기

꼬마빌딩 신축을 기획할 때는 해당 지역에서의 임대가 사업성이 있는지를 가장 먼저 판단해야 한다. 사업성이 없다면 다른 지역의 토지를 검토해야 한다.

건물주가 되는
또 하나의 방법

우리는 '불확실의 시대'를 살고 있다. 러시아·우크라이나 전쟁, 코로나19로 인한 중국의 장기봉쇄, 미국과 유럽의 경기침체의 영향이 세계 각국으로 빠르게 확산되고 있다. 그런 상황에서 지금 다니는 직장을 언제까지 다닐 수 있을지 확신할 수 없어 항상 불안한 마음을 갖고 있다.

은퇴를 앞둔 직장인이든, 이제 막 사회생활을 시작한 새내기 직장인이든, 되도록 오래오래 직장생활을 하기를 꿈꾸기보다 자기 건물에 거주하면서 꾸준히 안정적으로 월세를 받는 생활을 꿈꾼다. 수익형 부동산은 모든 직장인들의 희망이다.

막연하게 꿈만 꾸면 어느날 갑자기 건물주가 되어 있을까? 당연히 그냥 꿈으로 끝나버린다. '꼬마빌딩' '임대 수입 1,000만 원' '건물주' 등의 단어에 가슴이 뛴다면 자신의 상황에 맞는 방법을 적극적으로 찾아 나서고 실행해야 한다.

건물주의 꿈에 가까이 다가갈 수 있는 또 한 가지 방법을 소개한다. 그 방법은 택지개발지구(택지지구)에서 다가구주택(상가주택, 꼬마빌딩)을 건축할 수 있는 용지를 분양받거나 구입하는 것이다. 택지지구에서 꼬마빌딩 신축을 마음먹었다면 차근차근 순서를 알아가보자. 조금씩 해나가다 보면 그리 힘든 일도 아니다.

택지지구를 선점해
수익률을 높이자

택지지구는 '택지개발예정지구'의 줄임말로 LH공사 또는 지방자치단체 등에서 대지를 조성해 분양하는 지구를 말한다. 일반적으로 택지지구는 건축이 가능한 용지들이 부지별로 구분되어 있다.

공동주택 용지(아파트), 업무시설 용지(오피스텔, 오피스), 근린생활시설
용지(상업시설, 근생상가), 단독주택 용지, 상가주택 용지 등.

공동주택 용지는 아파트 등 분양하는 건축물을 지을 수 있는 부지다. 업무시설 용지는 오피스텔 등을 지을 수 있는 토지다. 근린생활시설 용지는 상업지역에 근린생활시설을 공급하기 위해 상가 등을 지을 수 있는 용지다. 이러한 용지들은 규모가 크고 자금이 많이 필요하기 때문에 개인보다는 건설법인이 주로 진행한다.

개인이 소규모로 건축할 수 있는 용지도 얼마든지 있다. 단독주택 용지 및 상가주택 용지다. 이런 용지를 분양받거나 구입해서 새 건물을 건축한 뒤 전 세대에 임대를 놓아도 좋고, 한 세대에 직접 거주하면서 나머지 세대에 임대를 놓아도 좋다. 주거와 임대 수입을 모두 만족하기 때문에 은퇴를 앞둔 투자자들이 주로 선호하는 경향이 있다.

택지지구는 구도심(도시지역)에 비해 정형화된 시장이 형성된다. 동일한 금액으로 토지를 분양하고 동시다발적으로 건축이 진행되어 비슷한 임대시세를 형성하기 때문이다. 경쟁 입찰을 할 경우에는 입지에 따라 경쟁이 많이 몰리기 때문에 토지의 낙찰가가 올라가는 동시에 그만큼 수익률이 낮아질 수 있다.

ㆍ 택지지구 개발 지도 ㆍ

ㆍ 개발 계획에 따라 정형화되어 분양되는 토지 ㆍ

임대수요가 많고 임대시세가 높은 지역은 지가도 빠르게 많이 오른다. 건축 후 공실 없이 임대가 잘 맞춰지고 수익률이 높게 나온다면 투자자는 끊이지 않는다.

택지지구에 투자할 때 무엇보다 중요한 것은 완성단계가 아닌 시작단계에 저렴한 토지를 구입해서 건축하는 것이다. 그래야 훨씬 큰 이익을 가져갈 수 있다.

택지 분양 시
체크 포인트

택지지구의 택지를 분양 받거나 매입할 때 명심해야 할 사항이 몇 가지 있다.

첫째, 입지가 좋아야 한다. 입지는 구축이든 신축이든 동일하게 적용된다. 토지나 건물이 아무리 저렴하게 나왔다고 해도 유동인구가 많지 않은 지방 물건을 매입하면 큰 손해를 볼 수 있다. 저렴한 가격만 보지 말고 입지를 봐서 주변의 임대수요가 풍부한지 따져봐야 한다.

지인 중에 코너 토지만 고집하는 분이 있다. 주변 토지보다 1억 ~2억 원이 더 비싸지만, 건물을 다 짓고 난 다음 매겨지는 가치는 항상 더 높았다. 높은 프리미엄을 주더라도 좋은 입지의 토지는 값

어치를 한다.

둘째, 토지의 면적이 적당해야 한다. 너무 작거나 큰 토지는 지양해야 한다. 작은 토지는 건축면적이 작아서 구조가 좋게 나오지 않는다. 너무 큰 토지는 가구수 제한이 있는 택지지구의 특성상 건축비만 증가하게 되어 가성비가 떨어진다. 면적에 비해 임대를 놓을 수 있는 가구수가 적어져 수익률이 낮아지기 때문이다.

적정 평수는 엘리베이터 유무에 따라 달라지지만, 대략 70~80평 정도가 적당하다. 이 모든 것은 전월세 시세와 가구수를 가지고 수익률을 계산해 결정해야 한다.

셋째, 일조권 적용 방향을 잘 확인해야 한다. 일반적으로 일조권은 정북 방향에서 적용해 건축물의 높이를 제한한다. 하지만 예외적으로 택지지구에서는 지구단위계획에 따라 일조권의 적용 방향을 달리할 수 있기 때문에 확인이 필요하다. 정남 방향을 기준으로 일조권을 적용시키기도 한다.

넷째, 상가주택 택지 분양을 받거나 매입한 후 건축을 진행할 때는 수익률 분석을 정확히 해야 하고, 자금 흐름 계획 또한 분명하게 세워놓아야 한다. 앞서 설명한 바와 같이 택지지구는 정형화되어 있어서 수익률 예측이 충분히 가능하다. 그래서 투자비용과 수익률에 대한 비교적 정확한 판단이 가능하다.

마인드에 따라
투자금액이 달라진다

투자금액이 부족하다고 해서 부동산 투자를 포기하지 마라. 신도시의 상가주택에서 그 기회를 찾자. 무이자 대출과 같은 임차인의 전세보증금을 이용하면 충분히 가능하다.

종잣돈을 투자하기에
가장 좋은 곳

월급 이상의 현금흐름이 나오는 건물에 투자하려면 종잣돈이 아주 많이 있어야 한다고 생각하는가? 그래서 첫 걸음도 떼지 않은 채 미리 스스로 벽을 세우고 있지 않은가?

주식이나 가상화폐 투자에는 큰돈이 필요하지 않다. 오히려 적은 금액으로도 얼마든지 가능하다. 몇 년 전엔 주식시장에서 가상화폐 시장으로 관심이 이동하며 이른바 '코인 광풍'이 불기도 했다. 단기간 내에 큰 수익을 얻은 경험담에 이끌려 사회 초년생들까지 코인 시장에 뛰어들었다. 하지만 공부하지 않고 남의 말만 듣고 투자한 결과는 참혹하기까지 했다.

사업을 하든 투자를 하든 종잣돈은 필요하다. 물론 많으면 많을수록 좋지만 그보다 더 좋은 건 목표한 종잣돈을 빨리 만들어내는 것이다. 종잣돈이 만들어졌다면 리스크가 큰 투자를 하기보다 안전하고 현금흐름이 발생하는 부동산 투자를 해야 한다.

전세에 대한
생각을 바꾸자

우리나라에만 있는 특수한 임대제도인 전세를 어떻게 활용하느냐에 따라 적은 종잣돈으로도 부동산 투자가 충분히 가능하다. 즉 어떤 마음가짐을 가졌느냐에 따라 투자금액이 달라진다. 생각과 관점을 전환해야 한다.

아파트 갭투자는 매매가격과 전세가격이 큰 차이가 나지 않을 때 자기자본이 거의 없이 취득하는 것을 말한다. 전세제도를 투자에 적용시켜 전세보증금의 상승과 시세차익을 기대하는 투자다. 그런데 이보다 더 좋은 투자방법이 있다.

도시지역에 대지면적 80평 내외의 상가주택을 매입하는 방법이다. 상가주택은 한 필지 위에 3~4층으로 지어져 있다. 건축 연도에 따라 차이가 있는데, 3층으로 지어진 것도 있고 5층에 옥탑방을 넣기도 한다.

신도시나 택지지구가 아닌 구도심의 경우에는 가구수 제한이 없기 때문에 1층을 필로티 구조로 해서 주차장으로 이용하고 최대 19가구까지 구성된 다가구주택도 있다.

신도시나 택지지구에 4층 상가주택을 추천하는 이유가 바로 여기에 있다. 여러 가구를 전세로 놓으면 이자가 붙지 않는 타인 자본인 임차인의 전세보증금을 이용해 자신의 투자금액을 최소화하면서 건물주가 될 수 있기 때문이다.

인구가 지속적으로 늘어나고 교통이 좋아지는 지역은 매년 물가 상승률 이상으로 토지가격이 올라 건물가치 또한 동반 상승한다. 전세에 대한 마인드를 당신이 어떻게 바꾸느냐에 따라 얼마 되지 않는 금액으로도 이른바 '꼬마빌딩'이라고 불리는 상가주택에 투자할 수 있다.

투자금액이 많다면 2~4층 주택 부분을 반전세나 월세로 임대를 주어 1층 근생상가 임대 수입과 함께 더 많은 현금흐름을 만들 수 있다. 만약 투자금액이 많지 않다면 주택 부분을 전세로 임대해 원룸 전세보증금액만으로도 매입이 가능하다.

다른 부동산보다
다가구주택이 좋은 이유

자산이라곤 아파트가 한 채가 전부인 은퇴 예정자에게 아파트가 과연 진정한 자산일까? 거주만 할 뿐 그 아파트에서는 단돈 1원도 나오지 않는다. 대출이 있다면 대출이자가 발생하기 때문에 자산이 아니라 부채라고도 볼 수 있다. 물론 대출이자가 발생한다고 해도 이자를 충당할 수 있는 현금흐름이 발생한다면 괜찮다. 하지만 거주하는 아파트는 임대를 줄 수 있는 형태가 아니므로 여기에 해당하지 않는다.

거주하면서 임대 수입도 기대할 수 있는 곳, 즉 상가주택에 주목해보자. 4층 주인세대에 직접 거주하면서 1층 상가와 임대세대에서 월세를 받으면 대출이자를 충당하고도 남는다. 주거와 임대 수입이라는 2마리 토끼를 잡을 수 있다.

소형 아파트 5채를 보유하면서 월세를 받는 것보다 상가주택 한 채를 보유하면서 월세를 받는 게 낫다. 주택을 여러 채 보유하면 세금 문제에 직면하기 때문이다.

아파트 한 채 가격으로 다가구주택을 매입하면 1세대 1주택이다. 1주택자이지만 여러 가구를 임대할 수 있기 때문에 주거가 해결되는 동시에 임대 수입도 꾸준하게 발생한다. 또한 '준공공임대사업자'로 등록하면 양도 소득세 부분에서 장기보유특별공제도 받을 수 있다.

다가구주택인 상가주택은 다른 부동산과 달리 2년만 보유하면 1가구 1주택 비과세 혜택을 볼 수 있다. 2017년 8·2 부동산대책으로 조정대상지역에서는 2년 거주 요건이 신설되었지만, 매도하기 전에 2년 거주 요건만 맞추면 비과세 혜택을 볼 수 있기 때문에 양도세까지 생각했다면 더욱 추천한다.

4,000만 원으로
건물주가 된 사례

좀 더 이해를 돕기 위해 지인의 실제 매입 사례를 살펴보자. 왜 마인드에 따라 투자금액이 달라진다고 하는지 그 이유를 쉽게 알 수 있을 것이다.

지인의 건물은 역세권에 위치한 25가구의 원룸으로 생활형숙박시설이다. 토지 평수는 51평이고, 연면적은 212평이다. 매매가는 17억 5,000만 원, 대출은 9억 원이다. 이 건물을 매입하기 위해 얼마의 투자금액이 필요했을까?

전세와 월세 비중에 따라 투자금액의 차이가 커진다. 25가구를 전부 월세로 세팅하면 대출 9억 원과 보증금 합계 5,700만 원으로 실제 필요한 투자금액은 7억 9,300만 원이다. 이때 예상되는 한 달 임대료는 1,230만 원이다.

이번엔 25가구 중 14가구는 전세로 셋팅하고 11가구는 월세로 셋팅한 경우다. 보증금이 8억 1,000만 원으로 필요한 투자금액은 4,000만 원이 된다. 이때 월 임대료는 684만 원이다. 매매가격과 대출금액은 동일한 가운데 월세 세팅이 많은 땐 투자금액이 늘고, 전세 세팅이 많을 땐 투자금액이 준다.

누군가는 4,000만 원으로 건물을 매입하는 건 말도 안 된다고, 믿을 수 없다고 할 것이다. 하지만 내 주위에는 이렇게 생각보다 훨씬 적은, 상상 이하의 금액으로 건물을 매입해 건물주가 된 사례가 많다.

14가구의 전세금 8억 원이 갚아야 할 빚으로 생각되어 부담이 될 수도 있다(공실 없는 지역을 선택한다면 이 걱정은 사라진다). 9억 원의 대출금 또한 적지 않은 금액인 건 사실이다. 하지만 나머지 11가구에서 발생되는 월 임대 수입 684만 원으로 9억 원 대출에 대한 이자를 충분히 충당할 수 있을뿐더러 이자를 제외하고도 300만 원의 순수익이 남는다. 이런 물건이 있다면 2번 생각할 것도 없이 계약해야 하는 것이 아닌가?

이런 수익형 건물을 구입하려는 투자자들은 투자금으로 최소 3억~4억 원을 준비해둔다. 그 정도 투자금이라면 월세 세팅을 충분히 가져갈 수 있어 다른 부동산과는 비교할 수 없을 정도의 임대 수입, 즉 현금흐름을 만들 수 있게 된다.

종잣돈이 부족해서, 투자할 시간이 없어서 등등의 핑계를 대지 말자. 마인드의 전환과 간절함, 그리고 발품만 있다면 투자할 만한 매력적인 물건은 분명히 나타난다. 특히 지금처럼 고금리 상황이 되었을 때는 더욱 그러하다.

이미 지어진 구축건물은
먹을 게 별로 없다

임대가 완료된 신축건물은 매물도 많지 않고, 그나마 나온 매물은 너무 비싸다. 건축과
임대에 쏟은 건물주의 노력과 시간에 대한 보상이 매매가격에 반영되어 있기 때문이다.

현금흐름을 위해
어떤 부동산을 선택해야 할까?

현실로 다가온 100세 시대를 맞아 이제는 시세차익보다 월급을
대신할 수 있는 꾸준한 현금흐름이 더 필요한 시대가 되었다. 정
부 규제와 인구구조 변화로 인해 시시각각 다각도로 변하는 부동
산 시장에서 안정적인 현금흐름을 만들기 위해서는 어떤 부동산
을 매입해야 할까?

소형아파트를 여러 채 매입해서 월세를 받는 방법이 있다. 하지만 다주택자에 대한 정부의 규제와 취득세 중과가 있어 여러 채의 아파트를 매입해서 유지하기 어려운 상황이다.

오피스텔도 마찬가지다. 오피스텔은 작은 토지에도 신축이 가능하기 때문에 여기저기 우후죽순 생겨버리면 공실 위험이 커진다. 뿐만 아니라 대지지분이 작아서 재건축이나 시세차익을 기대하기도 어렵다.

상가는 주택에 비해 관리할 게 없지만 가장 우려되는 공실 문제가 있다. 경기에 민감하고 상권도 변하기 때문에 우량 임차인을 맞추기가 쉽지 않다.

특히 많이 하는 실수 중에 하나가 신도시에 대형 신축 건물의 구분 상가를 분양받는 것이다. 고분양가에다 상권이 아직 형성되지 않았으며, 임대료가 비싸 임대를 놓기 쉽지 않다. 이럴 경우 대출 이자와 관리비는 고스란히 임대인의 몫이 된다.

신축이기에
마진이 크다

안정성과 수익성을 모두 만족시키는 부동산은 바로 상가주택이다. 다른 부동산에 비해 상가주택은 안정적인 현금흐름을 발생시키고

시세차익도 기대할 수 있는 똑똑한 물건이다.

그러면 최근에 건축이 완료되어 임대가 모두 맞춰진 신축 건물을 매입하는 건 어떨까? 어려운 건축 과정을 겪지 않고 건물을 가질 수 있는 데다 임차인도 구할 필요가 없으니 더 편하고 현명한 투자이지 않을까?

하지만 임대가 완료된 신축 건물은 매물이 거의 나오지 않는다. 그리고 그나마 매물이 나와 있다고 해도 가격이 높게 책정된다. 건물주가 건축하고 임대를 놓느라 들인 노력과 시간에 대한 보상이 매매가격에 녹아 있기 때문이다. 또한 신축 비용과 소유권 보전을 위한 비용, 현 시세를 반영한 마진 등이 전부 포함되어 있다. 따라서 이런 건물은 마진율이 낮다.

이미 지어진 건물을 매수할 때는 입지와 수익률만 따지면 되기 때문에 새로 건물을 짓는 것보다 신경 쓸 일이 훨씬 적다. 하지만 원하는 구조나 자재를 선택할 수 없고, 건물가격에 건축주 마진이 포함되어 있어 새로 건물을 짓는 것보다 높은 가격을 지불해야 한다는 단점이 있다.

새로 건물을 지을 경우에는, 토지 선정부터 외관 디자인, 내부 인테리어까지 세밀하게 비교하고 결정해야 하기 때문에 시간도 많이 들고 스트레스도 많이 받게 된다. 게다가 시공사를 잘못 선택하게 되면 공사가 중단되거나 추가비용이 요구되기도 하고, 준공이 되었더라도 부실공사로 하자가 끊이지 않아 마음고생을 할 수

구분	기존 건물	신축
대지면적	260m² (약 80평)	260m² (약 80평)
연면적	600m² (약 180평)	600m² (약 180평)
매매가	25억 원	–
토지 매입비	–	11억 원 (80평×1,370만 원)
건축비	–	10억 원 (180평×550만 원)
투자금	25억 원	21억 원

있다. 하지만 반대로 시공사를 잘 만나서 진행했다면 고생한 만큼 수익률로 돌아오기에 충분히 상쇄된다.

건물을 지어본 사람들은 그 뒤로도 꾸준히 새 건물을 지으면서 임대 수입을 더 확장시켜 간다. 처음 건축할 때 놓쳤던 부분이나 아쉬웠던 부분을 꼼꼼하게 보완해가면서 예전보다 더 멋진 건물을 짓는다. 실제로 지인 중에는 건물 3채를 신축해서 보유하는 분들이 많다.

위의 표를 보자. 경기도 신도시 제2종 일반주거지역의 대지면적 260m²(약 80평)에 완공된 4층 상가주택(기존 건물)을 매입하는 경우와 새로 건축(신축)하는 경우를 비교해보았다. 편의상 세금과 각종 비용은 고려하지 않고 단순 계산했다. 투자금 부분을 보면 신축이 기존 주택에 비해 15% 정도 더 저렴하다.

신축은 수고스럽긴 하지만 마진이 크기 때문에 그만큼 수익률이 높아진다. 기존 건물은 건물주가 시세에 맞춰 건물가격을 조정해서 시장에 내놓는다. 지역에 따라 다르지만 수익률 6%, 7% 수준으로 건물가격이 책정된다. 이에 비해 신축은 투자금 대비 수익률이 12~15%가 나오기 때문에 구축에 비해 훨씬 수익률이 높다고볼 수 있다.

신축이기에
대출이 용이하다

그 밖에 또 다른 장점은 뭐가 있을까? 그것은 바로 대출이 용이하다는 것이다.

건물의 매매대금은 보증금과 대출금, 투자금을 합친 금액이다. 예를 들어 건물가격이 10억 원일 때 대출금이 4억 원, 보증금이 3억 원이라면 투자금 3억 원이 필요하다.

그런데 기존 건물을 매수할 때는 대출을 승계하는 일이 쉽지 않다. 은행에서 대출승계를 받을 때 담보대출 금액 중 최우선변제금을 제외하고 대출이 실행되기 때문이다. 이것을 방빼기(방공제)라고 한다. 대출승계가 전혀 안 된다면 실제로 필요한 금액은 3억 원이 아니라 7억 원이 될 수 있다.

반면에 신축은 임차인이 아직 입주하지 않은 상태에서 토지대

출과 건물추가담보대출을 받기 때문에 대출을 훨씬 더 많이 받을
수 있다. 구축은 대출을 이어받는 것이지만 신축은 새로 대출을 일
으키는 것이기 때문에 더욱 용이하다.

신축이기에
취득세 중과가 없다

흔히 꼬마빌딩이라고 불리는 4~5층 상가주택을 매입하거나 건축
을 생각하는 사람들은 아파트 투자를 해본 경험이 있거나 현재 아
파트를 한 채 이상 소유한 경우가 많다. 무주택이라면 상관없지만
1주택 이상 다주택자면 취득세가 중과되어 차등 납부해야 하기 때
문에 부담이 될 수 있다.

　15억 원의 상가주택을 매입하는 경우를 가정해보자. 무주택
자가 구입하게 되면 9억 원 초과 세율로 단순 매매가격의 3%인

· 신축 시 취등록세 비율 ·

구분	신축
취득세	2.8%
농어촌 특별세	0.2%
지방 교육세	0.16%
합계	3.16%

4,500만 원을 취득세로 납부하게 된다. 1주택자가 상가주택을 매입하게 되면 8%가 적용되어 1억 2,000만 원을 납부해야 한다. 2주택자가 상가주택을 매입하게 되면 12%가 적용되어 1억 8,000만 원을 납부해야 한다. 무주택자가 아닌 이상 취득세 부분에서부터 부담이 커 매입이 쉽지 않다.

반면에 신축의 경우에는 토지 취득세로 토지가격의 4.6%가 부과되고, 건물 취등록세로 건물 신축에 소요된 비용의 3.16%가 부과된다. 예를 들어 토지가격이 5억 원이면 토지 취등록세 2,300만 원, 건물 신축에 소요된 비용이 10억 원이면 건물 취등록세 3,160만 원을 내면 된다. 합하면 5,460만 원이다. 신축할 때는 다주택에 따른 취득세 중과가 해당되지 않으며, 정해진 세율에 따라 취득세를 납부하면 된다.

신축은 여러 가지를 결정하고 챙겨야 하는 번거로움과 수고로움이 있고, 준공 후 임대가 맞춰질 때까지 임대 수입이 발생하지 않는다는 단점이 있다. 하지만 기존에 지어진 건물에 비해 마진이 크고, 대출 이용이 쉬우며, 취득세 또한 중과가 없다는 이점이 있다.

용어를 알아두면
건축이 보인다

모든 건축용어를 알 필요는 없다. 필수 건축용어를 익혔다면 공정별로 진행 상태를 점검하면서 현장소장과 충분한 대화를 나눠보자. 그럼 건축이 한층 더 쉽게 느껴질 것이다.

건축이 쉬워지는
건축용어

월 1,000만 원의 임대 수입을 꿈꾸며 상가주택 건축에 이제 막 뛰어든 예비 건축주라면 누구나 겪을 만한 어려움이 있다. 그것은 바로 처음 접해보는 생소한 건축용어다.

현장소장과 현장에 대해 대화하다 보면 선뜻 이해하지 못하는 여러 현장용어가 생길 것이다. 건축주로서 굳이 모든 현장용어들을 알 필요는 없지만 꼭 필요한 용어 몇 가지는 알아두는 게 좋다. 그럼 지금부터 하나씩 살펴보자.

가장 먼저 소개할 용어는 건축 자재의 면적과 부피를 이야기할 때 사용하는 '헤베'와 '루베'다. 헤베는 평방, 루베는 입방의 일본식 표기다. 1헤베는 $1m^2$이며, 1루베는 $1m^3$를 말한다. 요즘은 건축현장에서 평 대신 제곱미터를 표기하지만, 여전히 면적과 부피 단위에서 헤베와 루베를 사용한다.

골조공사를 진행할 때 레미콘이 쓰이는데 이때 자주 나오는 표기다. 레미콘의 소요량은 부피로 결정된다. 예를 들어 콘크리트 소요량을 측정할 때 가로 10m, 세로 2m, 높이 2m라고 한다면 $10m^2 \times 2m^2 \times 2m^2 = 40m^3$가 나온다. 이때 40루베라고 표현한다. 레미콘 한 차 분량은 $6m^3$다. 즉 앞서 말한 40루베를 채우기 위해서는 레미콘이 6~7번 다녀가야 한다는 뜻이다. 6번이면 36루베, 7번이면 42루베다.

두 번째 용어는 물이 흘러가는 경사면의 기울기를 뜻하는 '구배'다. 주택 외부공간이나 욕실공사에서 자주 쓴다. 최근 현장에서는 물매 또는 기울기 자체로 표현하는 곳이 많지만, 여전히 구배를 많이 쓴다. 욕실에 기울기를 줄 때는 배수구에 방향을 맞추는 것이 중요하다.

배관공사를 할 때도 마찬가지다. 배관의 각도를 물이 잘 흘러가도록 잡아주지 못하면 배관 내에서 이물질 등이 달라붙고 쌓이면서 하수구가 막히게 된다. 참고로 물구배 작업은 옥상에 빗물이 배수구 쪽으로 잘 빠지게 하는 비스듬한 경사를 만들어주는 공정이다. 물구배 작업이 제대로 되지 않으면 방수공사를 한 후에도 빗물이 고여 누수 문제가 생길 수 있다.

세 번째 용어는 벽돌을 쌓는 작업과 작업자를 일컫는 일본식 표현인 '스미'다. 순우리말인 벽돌공으로 순화해서 사용할 수 있으나 주로 스미라고 불린다.

네 번째, 다섯 번째 용어는 건물의 표면과 구조에 관한 2가지 실전 건축용어다. 바로 바닥이나 표면을 평평하게 만드는 '나라시', 거푸집이나 철골 구조, 비계를 철거한다는 뜻의 '바라시'다. 이 둘은 건축 분야가 아니더라도 자주 접하게 되는 일본식 표현이다. 나라시는 우리말로 표현하자면 평탄화 또는 고르기가 되겠다. 바라시는 뜯어내기, 해체로 바꾸어 말할 수 있다.

여섯 번째 용어는 천장 작업할 때 쓰이는 건축용어로 '덴조'다. 주택의 마감방식에 따라 다르지만 대부분 천장 속에는 빈 공간이 있다. 이 공간은 단열을 위한 것으로, 천장의 경계를 정하는 작업을 '천장 상 작업'이라고 일컫는다. 현장에서는 '덴조 작업'으로 불린다. 덴조는 천장을 의미하는 일본어로 '반자'라고도 한다. 우리말로는 틀, 천장 틀 등으로 바꾸어 말할 수 있다.

일곱 번째 용어는 하는 일의 성격과 공간에 따라 달리 부르는 목수다. 목수는 가장 중요한 4대 대마(목수, 설비, 철근, 전기) 중 하나다.

건축현장에서는 같은 목수라도 하는 일의 성격과 공간에 따라 각
각 다르게 부른다.

예를 들어 미장목수는 내장목수로 건물 내부의 시공마감과 관
련된 전반적인 일을 한다. 그 밖에도 건축 마감소재에 따라 데크,
가벽, 계단, 중문을 시공하기도 한다.

외장목수는 흔히 형틀목수라고도 하며 목수지만 나무를 다루기
보다 현장에서 콘크리트 타설 작업을 할 수 있도록 거푸집을 세웠
다가 다시 해체하는 작업을 한다. 외장목수는 외부에서 주로 작업
하며 콘크리트 형틀이라고 하는 유로폼과 동바리 파이프 작업을
한다.

• 그 밖에 자주 사용하는 용어 •

가꾸목(각목), 가다와꾸(거푸집), 형틀, 가베(벽), 곰방(운반), 공구리(콘
크리트), 기리(드릴 날), 다이(받침대), 단도리(채비), 조율, 데모도(조공),
허드렛군, 보루(걸레), 시다(보조원), 야수리(줄), 오야지(책임자), 와꾸
(틀), 와리(나누기), 구분, 함바집(현장식당), 하이바(안전모).

공사용어	내용
가설공사	건축공사에서 본공사를 위해 필요한 일시적인 설비를 하는 가설재공사를 말한다.
금속공사	금속류를 다루는 공사 중 철골, 철근, 창호, 설비 등의 공사를 제외하는 것의 총칭이다.
지정공사	건축물과 같은 구조체를 지지하기 위한 기초 슬래브의 하부를 말하며, 동시에 이를 위한 공사라는 뜻을 포함한다. 터파기, 잡석다짐, 버림콘크리트 등이 있으며 흔히 '버린친다'라고 표현한다.
목공사	목재의 가공, 조립, 설치에 관한 공사를 말한다. 공사 범위는 크게 벽체, 천정, 마감몰딩, 계단 등이 있다.
도장공사	벽면 등의 외부에 페인트 등으로 도막을 형성시키는 작업이다. 도장 방법에는 초벌, 재벌, 정벌칠 방법이 있다.
수장공사	건축물 내부의 마감 작업이나 마무리 공사를 통틀어 말하며 보통 인테리어공사라고 말한다. 각종 마감재를 사용해 바닥, 벽, 천장을 치장하는 공사가 해당된다.
골조공사	철근 콘크리트 공사라 하며 건축물의 골조(뼈대)가 되는 기둥, 보, 바닥 등을 철근 콘크리트, 철재 등의 재료를 이용해 만드는 공사다.
조경공사	건축 시 용도지역 및 건축물이 일정 규모 이상이 되면 법정면적 이상의 조경시설을 의무적으로 설치해야 한다.
조적공사	건물 외부에 벽돌, 대리석 등을 쌓아 올리는 공정을 말한다. 건물 내부에도 인테리어용으로 벽돌로 시공이 가능하다.
전기공사	건물에 전기를 공급하기 위한 전선 가설, 케이블 배선, 내외부 전등 설치 공사가 있다.
설비공사	건축물의 냉난방, 급배수, 전기, 가스 등 설비 전반의 공사다.
타일공사	욕실, 복도 등에 시공되는 타일 관련 공사를 총칭한다.
창호공사	건물의 창호를 설치하는 공사를 말한다.

시공사를 통하지 않고 직접 건축을 할 수 있다면 시공사의 건축마진이 줄어들어

수익률이 극대화된다. 땅을 사서 시공사를 통해 신축할 경우에는

기존 건물을 급매로 사는 것보다 저렴하게 건물을 취득할 수 있다.

건축 과정에서 취등록세와 양도세를 줄이기 위해,

시공사가 짓고 있는 건물을 건축주 명의변경을 통해 구입하는 방법도 있다.

투자금액이 적다면, 공실 확률이 낮고 수익률이 높은 지역에서

시공사의 자금을 동원해 건축하는 방법도 있다.

건축 후 들어오는 임대료로 건축비와 땅값을 상환하는 방식이다.

건축을 마냥 두려워하고 있다면 가장 중요한 한 가지를 기억하면 된다.

시공사를 잘 선정한다면 많은 부분이 해결된다는 점이다.

투자금 2억~3억 원을 줄여서 수익률을 극대화할 수 있다면

건축은 누구에게나 도전해볼 만한 일일 것이다.

3장

나는 왜 다가구주택을
사지 않고
4채나 새로 지었을까?

구축과 신축,
수익률 대장은 무엇일까?

신축은 구축에 비해 15% 정도 더 저렴하다. 하지만 건축 마진이 결코 많다고 생각되지
않을 만큼 힘든 과정인 것은 사실이다.

구도심과 신도시의
차이

서울 구도심을 생각하면 오래된 건물과 비좁은 골목, 전선이 얽혀
있는 전봇대가 떠오른다. 그에 반해 신도시는 신축건물에 깔끔한
도로와 잘 정리된 기반시설이 자리하고 있다. 물론 신도시가 들어
선 후 대중교통이나 생활기반이 구축되기까지는 적지 않은 시간
이 필요하다.

서울 구도심이나 1, 2기 신도시에 가보면 1층은 상가로, 2~4층은 주택으로 구성된 건물을 쉽게 볼 수 있다. 지금부터는 구도심과 신도시에서 신축을 할 때 어떤 차이점과 장단점이 있는지 알아보겠다.

신도시 상가주택은 지역마다 각 지자체의 조례가 달라 층수와 가구수가 다르게 적용된다. 1기 신도시(분당, 일산, 산본, 평촌, 중동)에서는 대부분 3층 건물로 되어 있고, 가구수는 3~4가구로 제한되어 있다. 2기 신도시(김포, 파주, 판교, 광교, 고덕)는 4층까지 건축이 가능하고 가구수는 5가구 이하로 제한되어 있다. 소재지에 따라 도심 상가주택과 신도시 택지개발지구 상가주택으로 구분할 수 있다.

구도심인 서울시 강북구의 경우 제2종일반주거지역 대지는 30~45평이 주를 이룬다. 신도시나 택지개발지구 내 점포겸용주택으로 불리는 이주자택지는 75~85평이 일반적이다. 건폐율 60%, 용적률 180%로 가정했을 때 구도심의 신축 원룸건물과 택지지구 내 상가주택의 매매가는 약 15억 원에서 18억 원 선으로 비슷하다. 임대료도 400~450만 원 선이다.

이 둘의 차이점은 무엇일까? 구도심의 경우 오랜 기간 구축되어 온 편리한 생활기반시설이 있고 그에 따라 유동인구도 풍부해서 안정적인 투자가 가능하다. 한편 신축을 할 경우에는 교통시설과 편의시설이 이미 다 갖추어져 있고 상권도 활성화되어 있어서 준공 후 임대를 놓기가 수월하다는 장점이 있다.

물론 신도시나 택지개발지구의 경우에는 정부나 지자체의 도시계획에 따라 조성되는 만큼 생활기반이 형성되는 데 일정 기간이 걸린다. 그러나 향후 인구가 꾸준히 유입되어 생활기반이 안정되면 해당 지역의 가치가 크게 상승한다.

신축과 구축,
무얼 선택할까?

사람들은 아파트를 구입할 때 새 아파트를 분양받을지, 아니면 이미 지어진 아파트를 구입할지 망설인다. 시설 면에서 보면 낙후된 구축 아파트보다 신축 아파트가 거주의 쾌적성이 훨씬 뛰어나다. 하지만 입지조건을 보면 구축 아파트가 신축 아파트보다 오히려 더 좋을 수 있다.

신축 아파트와 구축 아파트는 어떻게 구분할까? 부동산 업계에서는 준공된 지 5년 이내를 신축, 5~10년 사이를 준신축, 10년 이전에 지어진 물량을 구축 아파트라고 정의한다.

구축 아파트의 경우에는 1층에 아스팔트로 된 주차장이 설치되어 있다. 주차공간이 부족하다 보니 세대당 주차 가능한 차량이 한 대가 안 된다. 그러다 보니 퇴근시간에는 주차하느라 빈자리를 오랫동안 찾아 헤맨다.

신축 아파트는 지하에 주차장을 두고 있으며, 지상에는 잘 계획된 조경설계로 공원이 조성되어 있다. 고층 아파트의 경우 지하 3, 4층까지 주차장이 만들어져 있어 세대당 2~3대의 차량을 주차할 수 있어 편리하다.

이처럼 시설 면에서 보면 신축 아파트가 월등히 뛰어나다. 하지만 문제는 비싼 분양가다. 신축 아파트는 주변에 있는 구축 아파트보다 더 높은 분양가가 책정된다.

그렇다면 꼬마빌딩이라고 불리는 상가주택은 어떨까? 상가주택도 아파트처럼 구축보다 신축이 좋을까? 구축을 사야 할까, 신축을 진행해야 할까?

미국의 경제학자 밀턴 프리드먼이 속담처럼 즐겨 쓰던 표현이 있다. "세상에 공짜 점심은 없다." 공짜 점심은 미국 서부 개척시대에서 유래되었다. 당시 어느 술집에서는 술을 일정 한도 이상 마시면 점심식사를 공짜로 제공했다고 한다. 얼핏 귀가 솔깃한 공짜 서비스처럼 들리지만 실상은 달랐다. 공짜로 점심을 먹으려면 그만큼 술을 많이 마셔서 술값을 많이 내야 했기 때문이다. 술집이 제공하는 점심식사 값이 술값에 포함된 셈이었다. 공짜 점심은 함정이었다.

세상에 공짜는 없다. 어떤 것을 얻으려면 반드시 그에 상응하는 대가를 치러야 하는 것이 세상 이치다. 부동산 투자에서도 이 말은 지극히 당연하다.

신축은
마진이 크다

구도심에서 누군가가 새로 지은 건물을 구입하려면 대가를 지불해야 한다. 여기서 대가란 다음과 같다.

구도심에서 신축을 하려면 어떻게 해야 할까? 먼저 건물을 구입한 다음에 그 건물을 철거해야 한다. 또는 토지를 매입해야 한다. 그다음 건축을 진행하고 소유권 보전을 한다. 이 과정에서 발생한 비용과 매도 시점의 주변 시세를 반영한 마진까지 포함한 것이 바로 그 대가다.

마진에는 시세는 물론이고 건축하는 동안 시간과 공을 들여 하나부터 열까지 꼼꼼히 챙기고 감독한 노력이 녹아 있다고 보면 된다. 즉 누군가의 노력을 내 것으로 만들려면 그에 상응하는 값을 치러야 한다.

이런 이유로 구축을 구입할 때보다 신축을 진행할 때 마진이 크다. 물론 건축을 해본 사람이라면 알겠지만 이 정도 마진이 결코 과하다고 생각되지 않을 만큼 건축은 스트레스도 많고 힘든 과정이다. 건축이 업이 아닌 이상 건물을 짓는다는 건 말처럼 쉬운 일이 아니다.

게다가 아무것도 모르는 상태에서 자칫 비양심적인 시공사를 선택하게 되면 추가 공사비용을 과도하게 내야 하거나, 부실공사

로 인해 몇 년간 마음고생을 할 수 있다. 하지만 신축을 하겠다고
마음을 먹고 차근차근 공부한다면 건축은 결코 두렵기만 한 일이
아니다.

도시지역에서 땅을 싸게 사는 유일한 방법

택지를 분양받는 것은 아파트를 분양받는 것만큼 매력적이다. 토지를 확보했다면 건축은 훨씬 수월해진다. 실수 없이 안전하게 토지를 확보하는 데 집중하자.

택지개발지구의
토지

빌라는 아파트에 비해 시세파악이 어렵다. 가치를 환산하기가 상대적으로 어렵기 때문이다. 개별성이 커서 더욱 그렇다. 토지도 마찬가지다. 모양과 평수, 도로의 접한 상태나 용도지역에 따라 가격이 천차만별이다.

　임대 수입이 나오는 건물을 신축하기로 마음먹었을 때 가장 먼저 막히는 지점이 바로 토지 구입이다. 첫 단계부터 어렵다 보니 신축에 선뜻 접근하지 못하게 된다.

그래도 단념하기는 이르다. 방법은 많기 때문이다. 택지개발지구란 도시지역 안의 작은 신도시라고 이해하면 된다. 택지개발지구는 안정적인 주택 공급을 위해 일정 구역을 지정해 택지를 조성한다. 이처럼 택지가 조성되는 토지를 초기에 저렴하게 구입하는 것이 가장 이상적이다. 택지라는 부동산 상품의 최종 모습은 다가구주택이나 상가건물이 들어선 상태일 것이기 때문이다.

토지를 확보하는 것은 매우 중요하다. 토지가 있으면 그만큼 건축이 쉬워진다. 가끔 뉴스나 매스컴을 통해 택지개발지구의 단독 필지를 분양한다는 소식이 나오기도 한다. 사람들이 선호하는 지역인 경우 분양 경쟁률이 몇십 대 일에서 몇백 대 일까지 가는 경우가 있다. 왜 이렇게 높은 경쟁률을 보이는 걸까? 택지 분양의 어떤 점이 매력적인 걸까?

택지 분양의
좋은 점

신도시 안의 택지는 다가구주택(상가주택)을 지을 수 있는 토지를 가리킨다. 대부분의 사람들은 신도시나 택지가 형성되면 아파트를

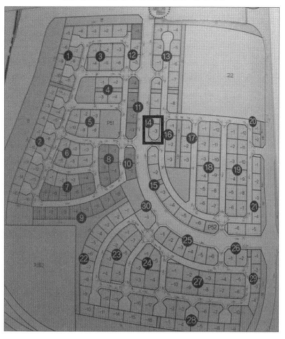

분양받는 데 집중하지만, 아파트가 아닌 택지에 눈을 떠서 분양받

고 건축을 하게 되면 현금흐름을 만들 수 있는 다가구주택을 소유

하게 된다. 택지를 분양받는 것은 아파트를 분양받는 것만큼 매력

적이다. 택지 분양에는 장점이 많다.

첫째, 저렴하게 매입할 수 있다. 택지는 시간이 지날수록 인프라

가 갖춰지면서 시세가 오른다. 그래서 분양을 받거나 프리미엄이

저렴할 때 매입하게 되면 시간이 갈수록 토지의 가치가 높아질뿐

더러 건축 시기 또한 내 뜻대로 정할 수 있다.

둘째, 실수를 줄일 수 있다. 일반 원형지는 건축이 가능한 땅인지 따져봐야 하는 등 확인할 부분이 많다. 이에 비해 택지지구는 바둑판처럼 획일적으로 설계해서 분양하기 때문에 건축을 못 하는 토지를 살 일이 없다.

셋째, 많은 투자금이 필요하지 않다. 계약금 20%를 납부한 뒤 중도금과 잔금은 6개월에 한 번씩 대출을 일으키면 된다. 중도금 회차별로 대출을 일으키기 때문에 이자 부담이 덜하다.

택지라는 부동산 상품은 그 어떤 부동산 상품보다 안전하다. 부동산 투자는 리스크가 있기 마련이다. 동네가게에서 물건을 구매하듯 정찰제로 결제하는 것이 아니기에 수요를 항상 예측할 수 없다. 따라서 리스크를 얼마나 줄일 수 있느냐가 성공적인 투자를 여

· **분양매매계약서** ·

는 열쇠라고 볼 수 있다.

위의 분양매매계약서를 보면 토지평수는 80평(264.5m²)이고, 분양가는 3억 3,592만 원이다. 분양가의 20%인 약 6,700만 원만 납부하면 토지를 소유하게 된다. 건축은 해당 택지지구의 토지사용 가능 시기를 확인한 뒤 진행해야 한다.

당장 신축을 할 자금이 없더라도 일단 토지를 확보했으니 걱정할 게 없다. 토지가격은 지속적으로 상승하게 되어 있기 때문이다. 그동안에 주변 건축물의 동향을 체크하면서 신축할 시기를 결정하면 된다.

택지 분양의
절차

도시지역에서 땅을 싸게 사는 유일한 방법인 택지를 분양받으려면 어떠한 절차를 거쳐야 할까? 택지지구 내 단독주택 필지들이 조성되면 그중 몇 필지는 일반인에게 분양이 된다. LH주택공사에서 단독주택 필지의 분양자를 가리게 되는데, 공사 홈페이지에서 분양 공고를 확인할 수 있다.

입찰자격과 입찰일을 명시한 모집공고가 나오면 입찰일까지 인터넷뱅킹을 사용할 수 있는 공인인증서를 준비해두어야 한다. 입찰일이 되면 입찰시간에 맞추어 필지를 선택한 뒤 택지지구에서

· LH청약센터 홈페이지 ·

정한 입찰금액을 주택공사 계좌에 송금한다. 보통 2~3일에 걸쳐 입찰이 진행된다. 입찰금은 분양가의 10%가 아닌 공사에서 정한 일정 금액이기 때문에 각 지구별로 달리 정해질 수 있다. 보통 500만 원 또는 1,000만 원이다.

2022년 분양한 화성시 비봉지구 입찰공고는 4만 3,000명이 조회했다. 비봉지구에 대한 뜨거운 관심을 엿볼 수 있다. 해당 택지지구에서 임대수요가 풍부한지, 교통은 어떻게 좋아질지 등을 조사해보고 인근 지역의 전월세 시세 또한 파악해보면 건축했을 때 가지게 될 가치를 미리 예상해볼 수 있다.

지인 중 한 분은 별내신도시에 이주자택지를 매입해서 상가주택을 신축했다. 이주자택지란 택지지구를 개발하기 전에 해당 토

· 입찰공고문 게시판 ·

• 화성 비봉 택지 공급 공고문 •

공고명	**화성비봉 단독주택(주거전용)용지 공급공고**				
공급 공고일	2022년03월11일(금)	접 수 마감일	1순위 : 2022년03월24일(목) ~ 03월25일(금) 2순위 : 2022년03월28일(월)		
자료 제공	한국토지주택공사 화성사업본부 http://www.lh.or.kr	연 락 처	전화 : 031-228-0105 FAX : 031-228-0107		

※ 본건 공급되는 토지는 화성비봉지구 주거전용 단독주택용지로 1인 1필지만 신청 가능하며, 공고일 현재
 경기도에 주민등록을 둔 세대주를 1순위로 공급합니다.
※ 분양신청자는 본 공고문의 모든 내용을 숙지한 후 신청하는 것으로 간주하며, 본 공고문의 내용 중
 어떠한 사항에 대하여도 본인이 인지하지 못함을 이유로 이의를 제기할 수 없음을 양지하시기 바랍니다.
※ 당첨후 계약체결기간 내 미계약시 예외 없이 신청예약금이 공사에 귀속되므로 현장답사, 각종 제한사항
 확인등을 통하여 사전에 신중하게 검토 후 신청하시기 바랍니다.
※ 세부내역 및 관련 시행지침.도면등은 LH청약센터(http://apply.lh.or.kr) 분양(공급)공고에 첨부된
 자료를 받드시 확인하시기 바랍니다.

1. 공급대상토지

지구	용 도	도면번호 (필지수)	면적 (㎡)	공급금액 (천원)	건폐율	용적률	공급 방법	신청 예약금 (천원)	대금 납부방법	토지사용 가능시기
화성 비봉	단독주택 (주거전용)	단독1,단독2, 단독4,단독5,단독6 (114필지)	211 ~673	218,386 ~696,920	60%	160%	전산 추첨	8,000	6년 분할 (무이자) 납부	토지소유권 이전사항 참고

※ 필지별 세부내역(붙임 참고) 및 관련 시행지침.도면등 첨부자료를 받드시 확인하시기 바랍니다
※ 지구단위계획 대상용지에 따른 허용용도 및 관련개발사항, 본 공고문의 기타 유의사항을 받드시
 확인하신 후 신청하시기 바랍니다

2. 신청자격 및 공급방법[만 19세이상, 1인(법인) 1필지]

1순위 : 공고일 현재 경기도에 주민등록을 둔 세대주
    (배우자와 분리세대의 경우 각각 신청 가능, 동일세대로 간주 1필지(1인) 신청가능)
    • 법인신청 불가
2순위 : 일반 실수요자(지역 및 세대주에 대한 제한은 없으며, 법인도 가능)
※ 1순위 미달시 부순위 공+수는 참지 필요로며, 부순위 신청 가능여부는 LH청약센터 공지사항에서 확인 가능합니다.

• 화성 비봉 택지개발 지도 •

지의 원주민들에게 보상차원으로 택지조성원가의 80% 상당의 금액으로 공급하는 택지를 말한다. 따라서 일반 분양하는 택지보다 프리미엄이 더 붙는다.

지인은 투자할 돈이 많지 않았다. 분양받은 토지대금의 20%와 프리미엄, 취등록세가 전부였다. 그런데 2년 후 토지사용시기가 되었을 때 토지 프리미엄이 2억 원이 넘었다. 건축은 시공사 외상 공사로 진행했다. 건물을 완공하고 보니 전세보증금으로 건축비를 감당하고도 2억 원가량이 남았고, 1층 상가에서 매달 월세를 받고 있다. 이처럼 일단 토지를 소유하게 되면 건축은 훨씬 쉬워진다.

LH주택공사 홈페이지를 자주 들어가서 분양하는 택지를 확인하다 보면 어느 순간 옥석을 가릴 수 있게 된다. 황금알을 낳는 토지를 소유하게 되는 날이 분명 올 것이다.

내 생애 첫 신축,
마법을 체험하다

돈과 시간을 장악해 삶의 질을 높이고 많은 것으로부터 자유를 얻기 위해 건물을 짓기로 결심했다. 그리고 계획한 대로 마침내 건물주가 되었다.

월급 같은 임대료와

지가의 상승

대다수의 사람들은 좋은 지역의 아파트를 구입해서 거주하면서 매매차익을 얻을 생각으로 살아간다. 하지만 차익형 투자인 아파트는 구입한 금액보다 가격이 올라야 수익을 가져갈 수 있고 그마저도 세금을 내고 나면 얼마 남지 않는다.

내 생각은 조금 달랐다. 평생 일할 수 없기에 월급처럼 고정적인 현금이 발생해야 한다고 생각했다. 매매차익도 좋지만 현금흐름이 가장 중요하게 생각되었다. 그래서 안정성과 수익성, 환금성을 모두 갖춘 부동산에 대해 알아보았다. 관련 서적을 읽고, 경제신문을 보고, 부동산에 투자한 지인들을 만나본 뒤 어떤 부동산에 투자할지 결정을 내렸다. 그것은 바로 월급처럼 임대료가 나오고, 지가 상승도 기대할 수 있는 수익형 부동산인 상가주택(다가구주택)에 투자하겠다는 것이었다.

도시지역 내 토지가격은 매년 물가 상승률 이상으로 오른다. 즉 가장 중요한 것은 토지라는 이야기가 된다. 대지지분을 가진 집합건물이 아닌, 전체 토지를 온전히 깔고 앉은 건물에 투자하면 임대수입은 물론 토지가격 상승으로 인한 차익도 기대할 수 있다.

또한 여러 건의 월세를 받기 위해 아파트를 여러 채 사는 것은 정부의 규제 등으로 인해 부담스럽다. 하지만 상가주택은 한 채만 사도 3~4세대와 상가에서 월세를 받을 수 있다.

직접 경험한
신축 성공 사례

수익형 부동산의 종류 및 장단점을 오랜 시간 검토하고 나서 제일 먼저 한 일은 택지지구 내 상가주택 매물 분석이었다. 부동산을 다니며 시세도 알아보고 내가 구입할 만한 건물이 있는지 확인했다.

예상했던 대로 비쌌다. 디자인이 예쁘거나 상가 임차 업종이 깔끔한 건물은 더 비쌌다. 너무 저렴하게 나온 물건은 혹시 있을지 모를 위험을 감당하기 어려울 것 같아 제외시켰다.

임대가 완료된 신축건물은 매물도 거의 없었고, 그나마 나와 있는 건물은 너무 비쌌다. 건축과 임대에 쏟은 건물주의 노력과 시간에 대한 보상이 매매가격에 포함되어 있기 때문이었다.

그렇다면 신축을 한다면 어떨까? 우선 토지시세를 알아보고 건축비를 조사했다. 상가주택 건물의 경우, 대략 평당 350만 원 정도면 짓는 것으로 조사되었다. 연면적 120평 내외의 건물이라면 4억~5억 원 내외로 건축을 한다는 이야기였다. 만일 평당 400만 원 내외의 대지 80평이라면 7억~8억 원으로도 건물주가 될 수 있다. 나는 오랜 검토 끝에 건물을 직접 짓기로 했다.

사실 처음으로 건축을 했던 이때는 건축업자의 힘을 많이 이용했다. 투자금액이 많지 않았기 때문이다. 임대수요가 풍부하고 공급이 부족한 화성의 한 지역을 선택했는데, 적은 투자금액으로도 가능한 곳이었다.

이곳은 공실이 나지 않고 수익률이 높은 곳이라, 건축업자가 가지고 있는 토지에다 건축업자의 자금을 이용해서 준공한 후 임대를 놓아 건축비와 땅값을 상환하는 방법으로 진행하는 게 가능했다. 이렇게 하는 것을 외상공사라고 한다.

내가 진행한 방식은 흔한 방식은 아니다. 전월세 수요가 폭발적이라는 입지조건 덕에 토지담보대출과 건물추가담보대출, 전세보증금을 받으면 토지가격 및 건축비를 가뿐히 초과할 것으로 예상되기 때문에 가능했다.

지금 이야기하고 있는 건물은 2015년에 내가 처음으로 신축한 다가구주택이다. 평택 고덕신도시가 현재 그러하듯, 임대수요가 많지만 공급이 부족할 때 임대료는 올라가고 공실도 없게 된다. 첫 건물을 지을 때의 상황이 이와 비슷했다. 주변에 제약단지와 산업단지가 많아 임대수요는 많았지만 공급이 따라가지 못했다. 그래서 신축건물의 준공 승인이 나기도 전에 임대가 다 맞춰졌다.

위험보다
가능성에 집중하다

나의 이런 계획을 들은 어머니와 주위 사람들은 대부분 만류했다. 임차인의 전세금은 어차피 빚인 데다 은행대출을 그렇게 많이 받으면 대출이자를 어떻게 감당하겠느냐는 것이었다. 위험하고 무모한 짓이라며 반대가 심했다. 하지만 내게는 확신이 있었다.

대지지분이 적은 집합건물로 구성된 아파트나 상가는 월세 수입이 적다. 과대평가되어 있어서 매매차익을 기대하기도 어렵다.

그러나 상가주택은 달랐다. 한 채만 지어도 상가와 입주가구들에서 월세를 받을 수 있게 되어 향후 기대되는 수익이 높았다. 또한 전세보증금은 무이자 대출이나 다름없다. 인플레이션이 진행된다면 시간이 흐를수록 임차인에게 갚아야 할 돈의 가치는 작아지게 된다. 전세보증금이 상승하면 남는 자금으로 전세를 월세로 전환해서 현금흐름을 늘릴 수 있다.

마침내 나는 원룸 전세금밖에 되지 않는 금액으로 건축에 뛰어들었다. 토지대출과 건물추가대출을 이용하고 부족한 금액은 전세보증금으로 충당하기로 했다. 앞에서 말한 것처럼 임대수요가 풍부한 곳이었기 때문에 건물이 준공 나기 전에 모든 세대에 임대가 맞춰졌다. 부족한 건축비를 충당하고도 2억 원 가까운 여유자금이 생겼다.

몇 년이 흐르자 전세보증금의 상승 효과도 누리게 되었다. 2015년 당시 7,000만~8,000만 원이던 투룸 전세금은 현재 1억 3,000만 원으로 상승했다. 쓰리룸도 6,000만~7,000만 원씩 올랐다. 6년 만에 모든 가구를 반전세나 월세로 전환했고, 토지가격은 5년 만에 2배 올랐다.

현재 이 건물의 시세는 12억~13억 원이다. 7억 5,000만 원에 건물을 지었으니 5억 원 정도 상승했다고 볼 수 있다. 이 5억 원은 토지가격 상승분과 건축비 상승분을 감안해 현재 기준으로 신축했을 때 산출되는 금액이다.

대출과 전세금이라는 레버리지를 활용해 소액으로 신축에 성공했다. 지인들에게 이런 이야기를 들려주면 종종 "운이 좋았다"는 말을 듣게 된다. 대출과 전세금을 이용하는 것이 무척 위험하게 생각되기 때문이다. 하지만 나는 누구보다 간절한 마음으로 혼신의 힘을 다해 공부하고 뛰어다녔기에 위험보다 가능성에 초점을 맞출 수 있었다.

낙천적인 사고와 부지런함, 그리고 실천력이 뒷받침된다면 누구나 이런 성공 사례를 만들 수 있다. 나의 사례를 참고해 각자에게 맞는 답을 찾아나가길 바란다. 기회는 얼마든지 있다.

내가 6개월 만에
건물주가 될 수 있었던 이유

토지가격과 건축비를 확인하고 대출 가능 금액과 임대료 시세 파악이 되었다면 마지막으로 남은 것은 단 하나, '실행력'이다.

자유를 위해

다가구주택을 선택하다

내가 남들이 부러워하는 대기업을 탈출한 동기는 의외로 단순했다. 매일 반복되는 일상을 벗어나 시간적·경제적 여유를 갖고 싶었다. 마음껏 여행을 하고, 책도 여유롭게 읽고 싶었다. 한마디로 무엇에도 구애받지 않고 자유롭고 싶었다.

월급쟁이로 18년을 살다가 열정 하나만 가지고서 새로운 일에

도전하는 것은 모험에 가까웠다. 안정된 직장을 그만둔 뒤 느낀 것은 '세상에서 돈 버는 게 가장 힘들다'는 사실이었다. 이 평범한 사실을 직장을 나오고서야 깨달았다.

최근 신문을 보면 러시아·우크라이나 전쟁의 여파로 국내기업들의 피해가 심각하다. 경기가 좋지 않으니 기업들은 투자를 하지 않는다. 이로 인해 취업문은 더 좁아졌다. 경제 위기의 위협 속에서 많은 사람들이 힘들어한다.

부동산 투자에 관심을 갖는 이유는 저마다 다르겠지만, 목적은 비슷하다. 여유로운 삶, 원하는 일을 하면서 구속받지 않는 삶을 살기 위해서다. 이 목적을 이루기 위해 나는 보통 사람들이 생각하는 아파트 투자 대신 직접 거주하면서 임대 수입까지 얻을 수 있는 다가구주택을 선택했다.

안정적인 현금흐름은
이곳에서 나온다

나는 남들이 모두 아파트에 투자할 때 다가구주택을 신축해서 현금흐름을 만들었고, 앞으로 더 키워나갈 계획이다. 다가구주택의 가장 큰 장점은 투자금액이 적게 든다는 것이다. 아파트는 자신이 거주하는 동시에 다른 사람에게 임대를 주기가 어렵다. 하지만 다

각구주택은 직접 거주하면서 다른 가구에 임대를 주는 것이 가능하다.

내가 6개월 만에 건물주가 될 수 있었던 이유는 토지구입과 건축을 진행하기에 앞서 수익률을 미리 계산했기 때문이다. 토지가격과 건축비는 미리 가늠할 수 있다. 토지대출과 기성대출도 마찬가지다. 전세나 월세 시세도 미리 파악이 가능하다. 이 모든 것을 계산해서 스스로 판단할 때 수익률이 만족스럽다면 마지막 남은 것은 단 하나, '실행력'이다. 토지가격과 건축비는 고정되어 있지 않다. 해마다 오른다. 더 중요한 것은 해당 토지도 나를 기다려주지 않는다는 사실이다.

실제 건축기간만 놓고 본다면 4개월이 채 걸리지 않는다. 다만 여름 장마철이 길어진다거나 겨울철에 공사를 하게 되면 좀 지연될 수 있다. 토지계약과 건축 도급계약, 도면 설계 등 많은 미팅이 필요하지만 실제 공사기간은 4개월이면 충분하고, 임대 세팅까지 계산하면 6개월이면 족하다. 만약 준공 이후에 임대가 바로 맞춰지지 않는다면 공실에 대한 파악을 잘못했다고 봐야 한다.

임대 수요가 풍부하고 미리 파악해놓은 전세·월세 시세의 변동이 없다면 준공 이후 1~2개월 안에 임대계약을 완료할 수 있다. 임대를 놓을 때 전세와 월세 비중은 자신의 투자금액에 따라 자유롭게 조절할 수 있다. 흔히들 아파트만 갭투자가 가능한 줄 알지만, 다가구주택 역시 레버리지 효과를 극대화할 수 있는 좋은 부동산 상품이다.

2022년부터 월세 선호 현상으로 월세 비중이 급증했다. 평균 월세 금액도 빠르게 상승하는 중이다. 이처럼 월세 거래 비중이 증가한 이유는 대출금리의 급상승과 깡통전세 때문이다. 앞으로 월세 선호 현상은 더욱 확대될 것이다.

초기에 다가구주택을 신축할 때는 투자금액이 부족해서 전세 비중이 월세보다 많았다. 하지만 시간을 두고 한 가구씩 월세로 전환하면서 현금흐름을 늘렸다. 대출 비중도 높지 않아 지금처럼 금리가 2배 가까이 올라도 큰 부담은 느끼지 않고 있다. 이처럼 건물을 보유해가면서는 대출금액과 전세보증금 비율을 낮추려는 노력을 해야 한다.

안전하게 수익을 얻으려면
수익형 부동산!

나는 지금도 좋은 입지에 저렴하게 나온 토지를 찾고 있다. 해마다 건축비가 오르고 있지만, 전세나 월세 시세도 오르기 때문에, 임대수익을 계산했을 때 기대하는 수익률이 나온다면 토지를 적극적으로 매입할 계획이다.

최근에 아파트 가격이 짧은 기간에 많이 내렸다. 서울을 포함해 경기도와 지방 모두 매매가격이 동반 하락했다. 호가 대비 30%씩 빠지면서 지금이 기회인가 싶을 정도다. 수익형 부동산에 집중하기로 마음먹고 현금흐름을 늘려갈 계획이지만 이렇게 이따금 차익형 투자가 끌리기도 한다.

하지만 아파트는 내가 구입한 가격보다 오르지 않을 수 있고, 오히려 더 내려갈 수 있다. 주가를 예상할 수 없듯 아파트 또한 마찬가지라고 생각한다. 안전하게 수익을 보려면 차익형이 아닌 수익형에 집중하는 것이 좋다.

내가 지금 벌어들이는 임대 수입은 사업이나 강연으로 벌어들이는 돈보다 더 많고 안정적이다. 앞으로도 마찬가지로 나의 자산에서 나오는 임대 수입을 사업 소득이 추월할 일은 없을 듯하다.

지금 우리가 겪고 있는 경기 불황의 터널이 언제 끝날지 가늠이 안 된다. 2023년 연말이 될지, 2024년까지 이어질지 누구도 예상할 수 없다. 수명은 100세까지 늘고, 직장생활은 더 짧아졌다. 저축만으로는 늘어나는 생활비를 감당하기에 역부족이다. 소액 투자로 자본 소득을 늘리고 평생 안정적으로 살 수 있는 방법을 하루빨리 찾아서 시스템을 만들어놓아야 한다.

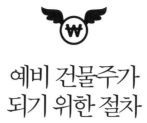

예비 건물주가
되기 위한 절차

내 건물을 갖고자 하는 간절함이 있다면 자금 문제는 해결할 수 있다. 무이자 타인 자본인 전세보증금은 예비 건물주를 돕는 훌륭한 동반자가 된다.

택지는 등기가
바로 나오지 않는다

다가구주택(상가주택)을 신축하기 위해 필요한 토지를 어떻게 얻을 수 있을까? 택지개발지구 내에서 이주자택지나 협의자택지를 분양받는 방법이 있다. 또는 다른 사람이 분양받은 토지를 프리미엄을 주고 사는 방법도 있다.

택지를 소유하게 되면 택지분양대금을 보통 2~5년에 걸쳐 납부한다. 마지막 회차까지 납부하면 온전히 본인의 소유가 된다.

택지개발지구의 택지는 잔금을 납부해도 토지등기부가 곧바로 생기지 않는다. 등기부가 존재하며 잔금 납부 시에 소유권이전등기를 하는 일반적인 토지와 다르다. 택지개발지구를 조성하게 되면 기반시설 등이 마련되는데, LH주택공사에서 어느 정도 공사가 마무리되어야 토목준공을 얻을 수 있고, 토목준공을 받아야 개인에게 소유권을 넘겨줄 수 있기 때문이다.

이처럼 잔금을 납부한 시점에 등기가 꼭 생기는 것은 아니기 때문에 서류상으로 LH주택공사가 토지의 소유자다. 따라서 해당 토지에 건물을 신축하려면 서류상 토지 소유자인 LH주택공사의 토지사용승낙서를 받고, 이 서류를 통해 예비 건축주가 된 뒤 신축을 진행해야 한다.

토지대금을 모두 납부하지 않은 상태라면 LH주택공사의 토지사용승낙서를 받을 수 없다. 신축을 하기 위해서는 토지대금을 모두 납부한 상태여야만 한다. 분양가의 20%만 납부하면 나머지는 회차별로 대출을 이용해서 납부할 수 있어 한 번에 많은 돈이 필

• 택지지구 내 다가구주택을 짓기 위한 절차 •

택지 구입 (분양) ➡ 택지 분양가 완납 ➡ LH주택공사 토지사용승낙서 ➡ 건물 신축 ➡

건축물 준공 후 건축물대장 생성 ➡ 건축물 소유권 보존등기 ➡ 임대 ➡ 수익형 부동산 탄생 ➡

요하지 않다.

이후의 과정은 일반 토지와 동일하다. 토지 위에 건물을 신축하면 준공을 통해 건축물대장이 생성된다. 그 후 건축물대장을 첨부해 소유권보존등기를 한다. 이제 건물에 등기부가 생겼으므로 임대를 얻으려는 임차인들에게 소유권을 확인해줄 수 있다.

등기가 아직 나오지 않았을 때도 소유권을 확인할 수 있는 방법이 있긴 하다. 토지대금을 납부한 내역서가 그 역할을 해준다. 따라서 임대를 놓는 것에 어떠한 문제도 발생하지 않는다. 이런 절차를 통해 택지개발지구에 위치한 수익형 다가구주택 투자가 마무리된다.

건축비가 모자랄 때
쓸 수 있는 방법

예비 건물주가 되기 위한 절차를 이해했다면, 건축 중인 건물을 내 것으로 만드는 법에 대해 알아보자. 수익형 부동산을 구입할 때 가장 중요한 것은 수익률이므로 모든 고려사항을 여기에 집중시켜야 한다.

수익률이 높은 건물은 발생한 임대료로 대출이자를 내고도 남는 비용이 있으므로 대출 비중이 높아도 괜찮다. 신축의 경우

13~15%의 수익률이 발생한다. 대출이자 6%를 빼고도 7~9%에 해당하는 순수익이 발생한다.

먼저, 건축업자나 시공사가 땅을 사서 지어주는 조건 또는 건축업자가 팔 목적으로 짓고 있는 건물을 구입하는 방법이 있다. 이런 방법은 다음과 같은 상황에서 고려할 수 있다. 택지지구 개발 초기에 토지가격이 과열되어 많이 오른 경우, 직접 토지를 사서 건축을 하는 것보다 건축업자가 이미 짓고 있는 건물을 구입하는 것이 더 저렴할 때가 있다. 투자금액이 적어서 토지비용과 건축비를 충당하지 못한 경우에도 적용해볼 수 있는 투자방법이다.

공실이 확실히 없는 지역이고, 전세가 매우 잘 나가며, 시공사끼리 경쟁이 붙은 경우에는 건축업자가 1억 원 이하의 투자금으로 건축을 해주고 나머지 부족한 비용은 전세보증금으로 회수해가는 경우도 있다.

하지만 가장 합리적인 거래는 땅의 등기이전을 할 수 있는 자금 수준에서 진행하는 것이다. 예를 들어 토지가격이 5억 원이고 토지담보대출이 3억 원인 경우에는 나머지 2억 원으로 건물 신축을 진행할 수 있다. 이처럼 2억 원으로 건물을 짓게 되면 시공사는 다음과 같은 순서로 비용을 회수해간다. 토지담보대출, 건물담보대보출(준공 직후), 전세보증금 순이다.

어느 도시나 건물이 지어지고 있는 현장에 가면 건축업자 및 시공사의 연락처를 얻을 수 있다. 공사하는 분들을 통해 소장이나 시공사의 연락처를 얻을 수 있고, 플래카드에 연락처가 적혀 있을 수도 있다. 택지개발지구 곳곳을 둘러보고 건축사사무소를 찾아 들어가서 직접 만나볼 수도 있다. 분명히 이러한 방법으로 판로를 찾고 있는 시공사가 있을 것이다. 해당 시공사를 선택할지 말지는 미팅 이후 분석을 통해 결정하면 된다.

결심했다면 빨리 건축하자. 건축법은 매년 강화된다

오래된 건물을 고쳐서 가치를 상승시키는 리모델링은 신축보다 비용과 시간이 많이 절약된다. 하지만 리모델링이 어렵다면 신축이 실속 있는 투자가 된다.

강화되는 건축법과
늘어나는 건축비

구도심에는 다양한 건물들이 있다. 신축건물도 있고, 리모델링을 통해 새롭게 가치가 창출되는 건물도 있다.

신축공사의 경우 신도시에서는 나대지 상태에서 건물이 올라가고, 구도심에서는 구옥을 철거한 뒤에 건축이 시작된다. 반면에 리모델링은 오래된 주택 등 이미 지어진 건물에 증축이나 대수선, 개축 등을 시행해 건물의 기능을 개선하고 수명을 연장한다.

리모델링은 신축 비용의 30% 정도로도 가능하다. 신축에 비해 공사기간이 짧고 비용도 적게 드는데, 신축 건물 대비 80% 정도의 임대료를 받을 수 있어 최근 늘어나는 추세다.

시간과 비용이 적게 든다는 장점이 있지만 최근 리모델링이 각광받게 된 근본적인 이유는 따로 있다. 건축 법규가 개정되면서 신축을 할 때 건물 면적이 줄어 기준 건물 대비 수익성이 떨어지기 때문이다.

단적인 예로 주차장을 들 수 있다. 구도심을 보면 건물들이 촘촘하게 서로 붙어 있는 경우가 많다. 예전 건축법에는 주차장과 관련한 규정이 없어서 그렇게 짓는 게 가능했다. 하지만 지금은 모든 건물에 반드시 주차장을 확보해야 하고, 구비해야 하는 주차면적도 늘어났다.

구도심에서 철거 후 신축을 하게 되면 주차장을 만들어야 하기 때문에 주차장 면적만큼 임대용 공간이 줄어 건물의 수익성이 악화된다. 그렇다고 지하주차장을 만들자니 공사 기간과 비용이 늘어나 부담이 된다.

건물을 신축할 때 주차장이 미치는 영향이 큰 이유는 건물의 규모에서 주차장이 차지하는 비중이 크기 때문이다. 그리고 갈수록 주차 문제가 중요해지고 있기 때문에 주차장 확보 여부가 준공 후 임대에 큰 영향을 준다.

• 근린생활시설의 법정 주차장 면적 •

연면적	기존 건물		신축	
	너비	길이	너비	길이
현재	2.3m	5m	2.5m	5.1m
개정 후	2.5m	5m	2.6m	5.2m

신축을 하기 위한 예산은 정해졌고 건축주 입장에서야 이왕 짓는 거 많은 세대수를 구성해서 짓고 싶을 것이다. 하지만 법에서 요구하는 주차 대수가 확보되지 않으면 애당초 건축허가가 나지 않는다.

상가건물, 즉 근린생활시설의 주차장 설치 기준(주차 대수와 면적)을 알아보자. 주차장법에는 법정 주차 대수, 주차장의 넓이, 출입구 설치 기준 등이 상세히 정해져 있다. 근린생활시설의 경우 연면적 40평당 한 대로 볼 수 있다. 연면적이 200평이면 최소 5대의 주차장을 확보해야 한다.

여기에 더해 주차 면적에 관한 법규도 점점 강화되고 있다. 근린생활시설의 경우 위의 표와 같이 법정 주차장 면적도 개정되었다. 또한 건축법상 주차장 면적이 8대를 초과한 경우 주차장 출입구 및 통로 등의 용도로 주차에 소요되는 면적을 훨씬 더 넓게 확보해야 한다.

기타 건축법의
개정 현황

지진은 우리나라와 별 상관없는 이야기 같지만 실제로는 1978년 이후부터 현재까지 연평균 30회 이상 지진이 발생하고 있다. 한국은 이제 더는 지진 안전지대가 아니다.

이와 관련해 2016년 '경주 5·8지진'을 계기로 건축법규가 강화되었다. 내진보강 의무 대상 건축물을 '3층 또는 연면적 500m² 이상'에서 '2층 또는 연면적 500m² 이상'으로 확대한 것에서 한 발 더 나아가 '신규 주택과 200m² 이상 건축물'으로 확대했다.

2018년 6월 27일자로 '건설산업기본법'이 개정되기 전에는 주거용 건축물의 경우 연면적 661m²(200평) 이하, 비주거용 건축물

· 확대된 내진설계 의무 ·

2층 이상, 연면적 200m² 이상 건물도 '내진설계 의무'

앞으로 신규 주택과 소규모 건축물(연면적 200m² 이상)도 내진 설계를 해야만 건축이 가능해진다. 이는 작년 경주 지진에 이어 크고 작은 지진이 일어남에 따라 지진 대응력을 높이기 위해 국토교통부가 건축 법령을 개정안 사안이다. 국토교통부는 내진 설계 의무대상을 종전 연면적 500m² 이상의 건축물에서 200m² 이상의 건축물과 모든 신축 주택(단독주택, 공동주택)까지 확대한다고 15일 밝혔다.

자료: 〈매일경제〉 2017. 5. 15.

의 경우 연면적 495m²(150평) 이하는 건축주가 직영공사로 착공신고하고 공사를 할 수 있었다.

이후 법이 개정되었고, 주거·비주거용 건축물에 관계없이 연면적 200m²(약 60평) 이상인 경우에는 이제 직영공사를 할 수 없다. 단, 상가, 근생건물, 상가주택, 단독주택(1가구)은 건축주 직영공사가 가능하다.

2021년 7월 15일부터 시행 중인 방화유리창 규정에 따라 최근 건축비가 상승했다. 화재 발생 시 인접 건물로 불이 옮겨 붙는 것을 방지하기 위해 개정되었다. 3층 이상 또는 높이 9m 이상인 건축물은 인접대지경계선 간 거리가 1.5m 이내인 경우 방화유리창

・ 방화유리창 규정 ・

1.5미터 이내 방화유리창 관련 규정		
건축물의 피난·방화구조 등의 기준에 관한 규칙	제24조 (건축물의 마감재료 등) 제12항	⑫ 법 제52조 제4항에 따라 영 제61조 제2항 각 호에 해당하는 **건축물(▲3층 이상 또는 높이 9미터 이상인 건축물 ▲1층의 전부 또는 일부를 필로티 구조로 설치하여 주차장으로 쓰는 건축물 등)의 인접대지경계선에 접하는 외벽에 설치하는 창호(窓戶)와 인접대지경계선 간의 거리가 1.5미터 이내인 경우 해당 창호는 방화유리창** [한국한업표중 KS F2845(유리구획 부분의 내화시험방법)에 규정된 방법에 따라 시험한 결과 비차열 20분 이상의 성능이 있는 것으로 한정한다] **으로 설치해야 한다.** 다만, 스프링클러 또는 간이 스프링클러의 헤드가 창호로부터 60센티미터 이내에 설치되어 건축물 내부가 화재로부터 방호되는 경우에는 방화유리창으로 설치하지 않을 수 있다.

을 의무적으로 설치해야 한다.

　최근 물가 인상과 금리 상승으로 시멘트 등 주요 자재가격이 전년 대비 10~20% 올랐다. 인건비도 거의 10%가량 올랐다. 갈수록 건축법은 강화되고, 원자재 및 인건비도 상승하고 있다. 건축을 하기로 마음먹었다면 하루빨리 짓는 게 이득이다.

수익형 부동산을 투자할 때 목돈을 투입해서 푼돈을 얻는다고 생각하며 실망해서는 안 된다.

신축의 경우 투자금 1억 원에 수익률 15%면, 월 125만 원의 수익이다.

하지만 많은 사람들이 이 투자에 만족하지 않는다.

1억 원을 가지고 2억 원, 3억 원의 수익을 단기간에 얻기를 원하기 때문이다.

하지만 그런 요행을 좇아서는 안정적인 수익을 얻을 수 없다.

거북이처럼 천천히 꾸준한 현금흐름을 만드는 것이 무엇보다 중요하다.

내 경우 수익형 부동산 투자를 한 지 3년이 되자 매달 생활비 걱정에서 벗어났고,

5년이 지나면서 새로운 도전을 할 수 있었다.

자산과 현금흐름은 한순간에 증가되지 않고 차근차근 만들어진다.

월세를 받아 현금흐름이 좋아지면 인생이 달라진다. 월세로 월급을 받는 삶을 상상해보라.

매달 통장에 1,000만 원, 2,000만 원이 들어오면 삶은 어떻게 바뀌겠는가?

4장

월세 1,000만 원 받는
꼬마빌딩 주인,
당신도 될 수 있다

건물주에게 도움이 되는
건물 관리 노하우

임대를 맞추는 데 정답은 없다. 건물 착공과 함께 준공검사 전에 매물을 내놓으면 임대에 소요되는 시간을 단축할 수 있어 수익률에 도움이 된다.

예비 건물주를 위한

건물 관리 꿀팁

힘든 과정이 모두 지나고 드디어 준공이 났다. 그러면 이제 남은 것은 임대다.

아무리 건물을 잘 지었더라도 공실 기간이 길어지면 수익률에 악영향을 준다. 따라서 좋은 가격에 빠르게 임대를 놓기 위해 총력을 다해야 한다.

신축 상가주택의 경우 중개사무소에 희망 보증금과 월세 수준을 한번 제시하면 이후 다시 올리기가 어렵다. 건물주에 대한 불신만 생기게 되니까 말이다. 그렇다고 처음부터 주변 시세 대비 높은 가격을 불러놓으면 공실 기간이 길어질 수 있다. 따라서 처음부터 주변 임대료 현황을 잘 살펴보고 적절한 수준을 맞추어 중개사무소에 제시해야 한다.

중개사무소와는 좋은 관계를 유지하는 것이 매우 중요하다. 같은 조건일 때는 친분 있는 건물주의 임대를 먼저 맞춰줄 확률이 크기 때문이다.

임차인들은 보통 신축을 선호하기 때문에 처음에는 짧은 기간에 임대가 맞춰질 수 있다. 그러나 시간이 흘러 건물이 노후화되면 임대가 잘 안 나가고 공실 기간이 길어질 수 있다. 이럴 때는 도배를 새로 하거나 조명을 교체하는 등 좀 더 밝고 깨끗하게 내부를 꾸며놓으면 더 유리해진다.

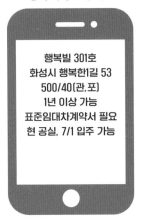

• 중개사무소에 보내는 중개 의뢰 문자 예시 •

행복빌 301호
화성시 행복한1길 53
500/40(관,포)
1년 이상 가능
표준임대차계약서 필요
현 공실, 7/1 입주 가능

간혹 인근에 새 아파트나 오피스텔의 신규 입주 시기가 겹치면 공실이 생길 수 있다. 이럴 때는 인근 중개사무소의 연락처를 최대한 많이 확보하는 게 좋다. 가까운 중개사무소 몇 군데만 의뢰하지 말고 50곳,

100곳 정도 리스트를 만들어서 중개의뢰 내용을 단체 문자로 발송해야 한다. 이렇게 하면 공실을 최소화하는 데 도움이 된다.

무엇보다 가장 중요한 사항은 해당 지역의 임대수요가 풍부해야 한다는 것이다. 건물에 투자하기 전에 임대수요를 미리 파악하고 접근해야 한다.

건물이 거주하는 곳과 먼데 자잘한 수리 때문에 자주 방문해야 한다면 매우 효율적이지 못하다. 이럴 때는 인근의 철물점 사장님과 친해지면 좋다. 샤워호스, 폼업, 변기 끈, 수전, 욕실 LED 등 자주 교체해야 하는 소모품 같은 경우에는 철물점 사장님에게 전화 한 통으로 의뢰하면 편하다.

소모품을 미리 구입해놓고 임차인에게 직접 전달하거나 철물점 사장님에게 맡겨놓는 것도 방법이다. 예비 건물주에게 도움이 되는 건물 관리 꿀팁이 되겠다.

밀리지 않고
월세 받는 법

'돈은 앉아서 빌려주고 서서 받는다'라는 말이 있다. 그만큼 남에게 돈을 받는 일은 어렵다. 관리비나 월세도 마찬가지다. 다가구주택 투자를 꺼리는 사람들의 이야기를 들어보면 "임차인에게 월세를 받는 게 귀찮고 상대하기 불편해서"라는 말을 많이 한다.

보증금은 임대차, 특히 건물의 임대차를 체결할 때 임차인의 차임과 기타 임대차계약서 상의 채무를 담보하기 위해 임대인에게 교부하는 금전이다. 보증금 없이 단기임대 또는 깔세(임대 기간만큼의 월세를 한꺼번에 내는 것)로 임대하는 경우가 많은 지역은 신축 투자를 할 때 유의해야 한다.

단기임대나 깔세가 많다는 것은 임차인 위주의 시장이라는 이야기다. 즉 임대수요가 많지 않고 공급(건물)이 많기 때문에 임대료 책정이 좋지 않다는 것을 의미한다. 공실이 길어지면 단기임대나 깔세도 고려할 수 있긴 하지만 되도록 이러한 임대 형태가 주로 형성되어 있는 곳은 피해야 한다. 단기임대나 깔세는 건물 관리 면에서도 좋지 못하다.

지금까지 내가 직접 겪어본 임차인들을 보면 정해진 날짜에 빠짐 없이 월세를 납부하는 사람도 있고, 며칠씩 미루거나 연체하는 사람도 있다. 월세가 한번 밀리면 그다음에는 더 큰돈을 마련해야 하므로 임차인도 난처해질 수 있다. 그렇기 때문에 미납 사실을 문자로라도 숙지시켜주어야 한다.

미납이 되었다면 마냥 기다릴 것이 아니라 납부 기한을 정해서 받아야 한다. 또는 분할로라도 받아서 금액이 눈덩이처럼 불어나는 것을 막아야 한다.

임차인의 월급날로 월세 내는 날짜를 조정해주는 것도 좋은 방법이다. 누구나 그렇지만 월급이 들어와도 각종 공과금과 카드 할부값 등이 빠져나가버리면 남는 돈이 얼마 없다. 그러면 월세를 미납할 확률이 커진다. 그래서 월세 납부일을 임차인의 월급날과 같은 날로 정하면 좋다. 다른 지출이 생기기 전에 월세부터 낼 수 있게 하는 것이다.

전세에 비해 월세로 사는 임차인이 전입, 전출이 잦은 편이다. 주로 3~4인 가정이 아니고 혼자 사는 1인 가구이다 보니 전근, 퇴사, 결혼, 이직 등 다양한 사유로 인한 전출이 많이 발생한다. 그러므로 임차인이 바뀔 때는 내부에 훼손된 부분이 없는지 면밀히 잘 체크해야 한다. 퇴실한 뒤에는 하자에 대한 책임을 묻기가 어렵기 때문이다.

미리 퇴실 체크리스트를 작성해놓고 임차인이 바뀔 때마다 순서별로 확인하면서 파손유무를 파악해보자. 간단한 체크리스트만 준비해도 건물 관리에 많은 도움이 될 것이다.

· 퇴실 체크리스트 예시 ·

1. 전등 확인
2. 샤워호스, 수정, 폼업 확인
3. 변기 누수 확인
4. TV 작동 확인
5. 에어컨 작동 확인
6. 방충망 상태 확인
7. 제공품 확인
8. 버리고 간 물건 확인
9. 가스레인지, 후드 상태 확인
10. 도배 상태 확인
11. 보일러 동작 확인
12. 기타 파손 여부 확인

차곡차곡 쌓인 월세로
무엇을 할까?

매달 받은 월세를 차곡차곡 모아서 어느 정도 목돈이 만들어지면 대출금을 상환할지, 전세를 월세로 전환할지 고민하게 된다. 요즘처럼 단기간에 금리가 올라서 대출이자가 늘어나게 되면 대출금을 상환하는 것도 좋은 방법이다.

하지만 향후 건물을 매도할 때 대출금액이 적게 잡혀 있으면 매수자에게 필요한 투자금액이 늘게 된다. 그래서 가장 좋은 방법은 대출금을 상환하기보다 전세를 월세로 전환하는 것이다. 이것이 수익률면에서 더 이득이다.

예를 들어 여유자금이 4,500만 원 생겼다면, 전세 5,000만 원이던 것을 보증금 500만 원에 월세 45만 원으로 바꾼다. 그러면 수익률이 12%가 나온다. 반전세도 좋고, 월세도 좋다. 여유자금을 활용해 현금흐름을 지속적으로 늘리는 게 중요하다.

매달 월세를
얼마나 받고 싶은가?

수억 원을 들여 고작 월세 100만 원 남짓을 받는 게 목표는 아닐 것이다. 직장에서 억대 연봉이 되는 것보다 건물에서 연 임대 수입 1억 원을 만드는 게 훨씬 쉽다.

아끼는 것만으로

종잣돈 1억 원의 효과를 본다

통계청이 발표한 '2020년 임금근로 일자리 소득' 결과에 따르면 임금근로자의 월평균 소득은 320만 원으로 집계되었다. 4명 중 1명은 150만 원이 안 된다. 대기업과 중소기업 간 임금격차는 2배가량으로 나타났다.

일반 직장인의 꿈은 대개 비슷하다. 근로 소득이 아닌 임대 소득, 즉 직접 일하지 않고도 매달 꼬박꼬박 월세를 받는 것이다. 또 다른 꿈은 임대 수입을 이용해 경제적 자유를 이루는 것이다. 그래서 많은 직장인들의 꿈이 건물주로 귀결된다.

일하지 않고 경제적 자유를 누리려면 얼마의 월세가 필요할까? 많으면 많을수록 좋겠지만 적어도 현재 자신이 받고 있는 월급 정도의 임대 수입을 얻을 때 삶이 훨씬 윤택하게 느껴질 것이다. 일반 근로자의 월평균 소득은 320만 원이다. 하루빨리 종잣돈을 모아서 수익형 부동산에 투자해 월평균 소득만큼의 임대 수입을 만들기 위해 달려가야 한다.

종잣돈을 모으는 방법은 주거비용을 줄이거나 근검절약하는 것뿐이다. 하지만 보통 종잣돈을 모으고 싶다고 생각만 할 뿐 치킨 한 마리와 맥주를 사 먹는 데 아무렇지 않게 돈을 쓴다. 현금흐름을 만들고 싶다는 꿈만 꿀 뿐 실천하지 않는 것이다. 가계부를 작성해보면 생각보다 많은 곳에서 필요 없는 지출이 발생하는 것을 알 수 있다. 필요 없는 지출을 줄이고 한 달에 50만~60만 원만 아껴도 10년이면 7,000만 원의 종잣돈을 모을 수 있다.

매달 월세로 얼마를 받고 싶은가? 한 달에 수익형 부동산으로 60만 원을 받으려면 평균 1억 원이 있어야 하고 수익률로 보면 7.2%가 된다. 외식과 쇼핑 등으로 생각 없이 써버리는 지출 금액과, 1억 원으로 벌 수 있는 금액이 비슷한 셈이다. 쓰지 않고 아끼는 것만으로 종잣돈 1억 원의 효과를 볼 수 있는 것이다.

건물가격은
나를 기다려주지 않는다

매달 200만~300만 원 정도만 임대 수입이 생긴다면 직장을 그만
둬도 된다. 또는 한결 가벼운 마음으로 직장생활을 할 수 있다. 하
지만 건물주가 되기란 쉽지 않다.

우선 건물을 살 만큼의 돈을 모아야 한다. 더 큰 문제는 건물이
나를 기다려주지 않는다는 것이다. 어느 정도 돈을 모았다 싶으면
건물가격은 더 올라간다. 인건비와 자재비 어느 하나 오르지 않는
것이 없다.

나는 2015년 처음으로 다가구주택을 신축했다. 그전에도 부동
산 투자를 했지만 실패를 많이 해서 종잣돈이 많은 것은 아니었다.
그래서 1억 원이 안 되는 종잣돈으로 어렵게 발품을 팔아가며 신
축을 진행했다.

다행히 결과는 좋았다. 화성시에 위치한 건물로, 주변에 제약공
단이 있어서 임대수요가 풍부해 공실 없이 모든 호실에 임대가 곧
바로 완료되었다. 토지 매입비와 건축비로 소요된 총비용은 7억
5,000만 원이었다.

처음에는 투자금이 부족했기 때문에 월세보다 전세 비중을 높
였다. 전 세대에 임대를 놓고 보니 투자금을 회수하고도 2억 원의
돈이 남았다. 지금은 월세로 전환해서 현금흐름이 발생하고 있지

만 초기에는 월세 비중이 적어서 대출이자 정도가 나오는 수준이었다. 해당 건물을 지금 신축한다고 가정하면 3억 원 이상이 더 든다. 종잣돈을 모으느라 시간을 보냈다고 한들 건물가격이 나를 기다려주지 않는다.

종잣돈이 많지 않다면 처음에는 일정 부분 월세 수입을 포기하고 대부분 전세로 해서 투자금액 전액을 회수하는 편이 좋다. 일단 시스템을 만든 다음, 근로 소득과 근검절약을 통해 차근차근 모은 돈으로 전세를 월세로 전환해가는 것이다.

예를 들어 4,000만 원을 모았다면 5,000만 원이던 전세를 보증금 1,000만 원에 월세 45만 원으로 돌린다. 그렇게 몇 년에 걸쳐 전세를 월세로 하나씩 바꾸어나가다 보면 어느새 임대 수입이 놀랄 만큼 늘게 된다.

최종 목표는 전 세대를 월세로 전환하는 것이다. 일단 수익형 부동산의 시스템을 만들어놓은 다음, 매달 들어오는 월세를 쓰지 않

· **전세를 월세로 전환해 나갈 때 늘어나는 수익** ·

전세	전세	전세	전세
전세	전세	전세	전세
전세	전세	전세	전세
전세	월세	월세	월세

135만 원/월

→

전세	전세	전세	월세
월세	월세	월세	월세
월세	월세	월세	월세
월세	월세	월세	월세

585만 원/월

고 모아서 전세를 월세로 전환하기 위해 최대한 노력해야 한다.

　월세 전환이 늘수록 임대료도 올라가 복리 효과까지 누릴 수 있다. 그러면 전세를 월세로 전환하는 속도가 훨씬 빨라진다. 이런 과정을 거치면 자연스럽게 2번째 건물을 매입할 기회도 찾아온다. 다시 한 번 말하지만, 충분한 종잣돈을 모은다고 시간만 보내게 되면 건물을 매입하는 일은 점점 더 어려워질 것이다.

억대 연봉자 되기보다 쉬운
임대료 1억 만들기

수익형 부동산 투자를 할 때 '목돈을 넣었는데 푼돈이 나온다'는 식으로 생각하면서 실망해서는 안 된다. 원금 4,500만 원에 연 12% 수익률이면 매달 45만 원 수익이다. 하지만 많은 사람들이 이 정도 수익에 만족하지 않고 4,500만 원으로 단기간에 1억을 만들고 싶어 한다. 이런 투자가 과연 안전하면서도 실현 가능성이 있을까?

　수익형 부동산 투자는 거북이처럼 꾸준히 월세를 만들어 현금흐름을 지속적으로 늘려가는 투자 방법이다. 월세가 늘어 현금흐름이 좋아지면 인생이 달라진다. 월급에 의존하는 삶에서 어디에도 구속받지 않는 자유로운 삶으로 바뀌게 된다. 월세가 1,000만 원이 들어오고 2,000만 원을 넘어서면 삶이 어떻게 바뀔지 한번 상상해보라.

1년 365일 월세를 받을 수 있을까? 가능하다. 월세는 매달 납부해야 하는 돈이니 산술적으로 31개의 주택이나 상가를 보유하면 1년 내내 월세를 받을 수 있다. 그런데 31개의 개별 주택이나 상가를 보유하는 일은 관리면에서나 세금면에서 쉽지 않다. 반면에 다가구주택은 이 부분에서 훨씬 장점이 많다.

2021년 7월 한국부동산원에 따르면, 아파트 평균 월세는 서울은 121만 원, 수도권 101만 원, 지방 58만 원, 전국 78만 원이다. 수억 원을 들여 고작 월세 100만 원 남짓 받는 투자를 원하는가? 아니면 더 적은 투자금으로 더 많은 월세를 받는 투자를 원하는가? 당신이 꿈꾸는 월 현금흐름을 가장 쉽고도 빠르게 달성하게 해주는 것은 다가구주택 투자다. 다가구주택 투자를 착실히 진행하다 보면 억대 연봉 직장인이 되는 일보다 연 임대 수입 1억을 만드는 일이 더 쉽다는 것을 깨닫게 될 것이다.

꿈의 크기가
건물의 크기를 결정한다

다가구주택에서 나오는 현금흐름이 100만 원을 넘어 500만 원이 되기까지 꽤 오랜 시간이 걸렸다. 그런데 500만 원이 1,000만 원이 되고, 다시 2,000만 원이 되는 것은 놀라울 정도로 빠른 속도였다.

실패보다
두려운 것

지금 다니는 직장의 근속연수가 길어지다 보면 변화가 간절해질 때가 있다. 내 월급은 그대로인데 아이들 학원비는 계속 늘고, 상사의 고달픈 모습이 자신의 미래 모습이라는 서글픈 생각이 들 때 특히 그렇다.

내가 남들이 부러워하는 대기업을 탈출한 이유도 바로 그것이었다. 또래 친구들에 비해 연봉은 조금 높았지만 직장인은 어디까지나 직장인이었다. 매일 반복되는 일상과 수동적인 삶을 벗어나 시간적·경제적 자유를 누리고 싶었다. 온전히 자신만의 삶을 누리고 싶은 마음은 대한민국의 모든 직장인이 똑같을 것이다.

한 회사에 18년 동안 다녔지만 남은 것은 달랑 아파트 한 채였다. 서울의 몇십억 하는 고가 아파트도 아니었다. 잘못된 투자로 수업료를 많이 내기도 했지만, 앞으로 10년 더 직장을 다닌다고 해서 상황이 나아지리라는 확신이 없었다. 퇴직금으로 사업을 하는 모험을 하기도 싫었고, 별다른 재주도 없어서 월급 외 추가 소득을 만들어내기도 쉽지 않았다.

재산이라곤 아파트 한 채와 몇 개월 버틸 수 있는 생활비가 전부였다. 물론 보너스(?)로 아파트 대출도 있었다. 연이은 투자 실패로 경제적인 고통을 겪으면서 끝없는 불안과 두려움을 수시로 느꼈다. 하지만 이제는 안다. 진짜 무서운 것은, 몇 번의 실패에 움츠러들어 안정적으로 수익을 얻을 수 있는 부동산을 놓치는 일이라는 것을 말이다. 몇 번의 투자 실패로 다시는 부동산 투자를 하지 않겠다고 마음먹었다면 지금의 자리에 오를 수 없었을 것이다.

나는 회사를 나오고 나서야 왜 회사를 다니는 동안에 월급 외 수입이 들어오는 시스템을 만들어야 하는지 깨달았다. 회사를 언제 그만두게 될지 모르기 때문이기도 하지만 다니는 동안에 좀 더 편안한 마음을 가질 수 있게 해주기 때문이다.

같은 일을 하더라도 어떤 마음가짐으로 임하느냐에 따라 만족도와 성과가 달라진다. 만약 직장을 다니는 동시에 직장 월급에 준하는 월급 외 수입이 발생했다면 어땠을까? 아마 부담 없이 편안한 마음으로 직장생활을 할 수 있었을 것이다.

일확천금보다
꾸준한 확장을 노려라

예전에 〈이휘재의 인생극장〉이라는 인기 TV프로그램이 있었다. 인생을 바꾸는 2가지 갈림길에서 등장인물들이 각각의 결정을 내린 뒤 겪는 에피소드를 엮은 프로그램이다.

2가지 갈림길 앞에서 하나의 길을 선택해야 하는 것처럼, 우리는 살아가면서 끊임없이 선택을 하게 되며, 그 선택에 따라 삶은 달라진다. 직장인 월급에 만족하며 어제가 오늘 같고 오늘이 내일 같은 삶을 살아갈 것인가? 아니면 수익형 부동산 투자를 결심해 조금씩 현금흐름을 만들어나가는 삶을 살아갈 것인가? 이 선택은 우리의 삶을 완전히 바꾸어놓을 것이다.

누구나 되고 싶고, 갖고 싶고, 하고 싶은 게 있다. 누구나 지금보다 더 나은 모습을 원하며 사람들은 그것을 꿈이라 부른다. 꿈을 향해 달려간 자신의 1년 후 모습을 떠올려보자. 어떤 모습으로 무엇을 하고 있을지 상상해보자.

통장 잔고를 예로 들면 내가 과연 전보다 나은 모습을 향해 나아가고 있는지 단적으로 알 수 있다. 1년 후 통장 잔고가 지금과 똑같다면 내 삶이 전혀 바뀌지 않았다고 봐도 된다.

무엇이 되었든 지금보다 나아져야 하고, 꿈이나 목표를 만들어서 실천해야 한다. 돈이 부족해서, 잘 알지 못해서, 시간이 없어서 등은 모두 핑계일 뿐이다.

수익형 부동산에 관심을 갖고 원하는 현금흐름의 규모를 정했다면, 이제 그에 맞는 부동산을 찾고 공부해보자. 처음부터 너무 거창한 목표를 세울 필요는 없다. 접근 가능한 것부터 차근차근 해나가면 된다.

다가구주택은 종류도 다양하다. 택지지구 내 다가구택은 가구 수가 정해져 있기 때문에 보통 5가구로 구성된다. 상가주택은 1층에 근생이 있다. 그러니 보증금과 대출을 이용하면 많은 투자금이 필요하지 않다. 이런 건물을 급매나 경매로 알아봐도 좋고, 신축을 해도 좋다.

원룸 19호실로 구성된 다가구주택이나 20호 이상의 다중주택을 매입하는 것은 다음 단계다. 5가구의 건물을 직접 소유하면서 관리하다 보면 나름의 요령과 노하우가 하나둘 쌓일 것이다. 그러면 이제 20가구 건물도 운영할 자신이 생길 것이다.

흔히 '빌라'로 불리는 30호 다세대주택을 통으로 매매할 수 있다. 세금 문제에서도 이득이다. 그다음에는 40~50세대로 구성된 도시형생활주택이나 상업지역 고시원 통건물을 매입할 수도 있다. 현금흐름의 규모는 세대수와 비례한다. 세대수가 많을수록 현금흐름도 커진다.

처음부터 수천만 원의 현금흐름을 만들 수는 없다. 가진 자금과 관리 능력이 부족하기 때문이다. 하지만 조금씩 경험하면서 늘려나가다 보면 점점 더 큰 건물과 더 많은 현금흐름을 얻을 수 있을 것이다.

일확천금을 기대하는 것처럼 투자의 세계에서 무모한 게 없다. 시간을 가지고 자신의 파이를 키워나가자. 이 과정이 다소 지루할 수 있겠지만, 이것이야말로 안정적으로 거대한 성을 쌓을 수 있는 가장 좋은 방법이다.

월 3,000만 원이
목표인 이유

한 달에 수천만 원의 현금흐름을 만들어낸 나의 멘토가 있다. 얼마 전 그분께 월 현금흐름이 얼마 이상이 되면 돈이 돈을 버는지 물어보았다. 한 달에 3,000만 원의 현금흐름이 만들어지면 그다음부터는 스스로 제어할 수 없을 정도로 많은 돈이 들어온다고 답하셨다. 그때부터는 돈이 100만 원, 200만 원씩 느는 게 아니라 500만 원, 1,000만 원씩 늘어난다고 하셨다.

이 이야기를 듣고 나 또한 월 3,000만 원을 만들려고 노력하고 있다. 시간은 좀 걸리겠지만 꾸준히 하다 보면 분명히 목표한 현금 흐름을 만들 수 있을 거라고 믿는다. 이 목표를 달성하기 위해 불필요한 지출을 막아서 투자금을 더 늘리고 매입할 토지를 알아보러 부지런히 움직이고 있다. 그렇게 행동하면서 지금보다 더 성장한 1년 후의 나를 기대한다.

많은 사람들이 두루뭉술한 꿈을 꾼다. 이루어도 좋고, 이루지 않아도 좋을 흐릿한 목표다. 종착역이 없을 때 우리는 자연스럽게 방황하게 된다. 어디로 갈지 모른 채 달린다면 이룬 것도 없이 지치기만 한다. 종잣돈을 악착같이 모을 필요성도 못 느끼고 한 달 벌어 한 달 소비하는 형태가 되어버릴 것이다.

분명한 목표가 있는 사람은 근검절약하면서 종잣돈을 잘 모은다. 여행을 가기 위해, 가방을 사기 위해, 차를 바꾸기 위해 등 평소 원했던 것들을 이루기 위해 목표를 세우고 실천하는 것이다. 소비를 위한 절약도 좋지만, 이왕이면 자산에 플러스가 되는 투자를 목표로 삼아 절약을 하고 종잣돈을 모아보자.

대부분의 부자들은 작은 지출에도 상당히 신경을 쓴다. 호사스럽게 돈을 쓰는 부자들은 사실 몇 없다. 부자들은 큰 비용 못지않게 작은 비용을 통제함으로써 부를 키워나간다. 누구나 큰 지출은 쉽게 통제하지만, 작은 지출은 소홀히 생각하고 통제하지 않는다. 이렇게 보면 작은 비용을 통제하는 것은 부자를 만드는 작은 습관 중 하나가 되지 않을까.

끝으로 윤석금 웅진그룹 회장의 저서 『긍정이 걸작을 만든다』에 나온 한 구절을 소개한다.

> 미래가 현재보다 나아지기를 바란다면 큰 꿈을 꾸어야 한다. 꿈의 크기가 인생의 크기를 결정한다. 꿈은 머릿속에 있을 때는 단지 꿈일 뿐이지만, 매일 생각하고 되뇌면 의지가 된다. 여기에 적극적이고 열정적인 실천이 더해지면 비로소 꿈은 눈앞의 현실이 될 수 있다.

대출금액보다
공실률을 두려워하라

공실률 제로를 위해 부동산 입지에 집중하라. 물건이 좋으면 대출과 보증금을 이용해서
내 것으로 만들어라. 물건 자체에서 나오는 임대 수입으로 대출이자를 감당할 수 있다면
전혀 문제되지 않는다.

투자를 막아서는
여러 두려움

일어나지도 않을 일을 습관적으로 미리 걱정하고 있지는 않은가?
우리가 두려움을 느끼는 가장 큰 이유는 그 일에 대한 경험이 없
기 때문이다. 경험이 풍부해지면 새로운 일이 닥쳐도 비슷한 경험
이 있기 때문에 두려움이 줄어든다.

나는 나이키의 대표 슬로건인 'Just do it'이라는 말을 좋아한다.

무슨 일이든 막상 경험해보면 별것 아니었음을 알게 될 것이다. 생각을 많이 해봐야 두려움만 더 커질 뿐이다.

부동산 투자에서도 동일하게 적용된다. 해보지 않은 일에 두려움부터 앞서니까 말이다. 주변에서 들려오는 부정적인 조언에만 귀를 기울이게 되기도 한다.

세대수가 많은 다가구주택은 신축이든 구축이든 공실에 대한 염려가 있을 수밖에 없다. '현재 임차인이 나가게 되었을 때 다음 임차인이 바로 들어오지 못하면 현재 임차인의 보증금을 어떻게 마련해야 하나?' '공실이 생기면 대출이자를 어떻게 내야 하나?' '대출금리가 계속 오르면 늘어나는 이자를 어떻게 감당하나?' '건물이 노후화되면 그땐 어떻게 관리해야 하나?' 이렇게 다양한 걱정거리들이 있다.

앞에서 이야기했듯 두려움의 가장 큰 원인은 경험해보지 못했기 때문이다. 두려움이 싫고 예측 가능한 안정성만을 추구한다면 은행에 예금을 해놓는 것이 가장 좋은 방법일 것이다. 낮은 수익률과 화폐가치 하락으로 인한 자산의 축소를 감수하면서 말이다.

공실이 두렵다면 공실이 나지 않는 지역을 선택하면 된다. 공급보다 수요가 많은 지역이다. 전입인구와 회사 증가율을 비교해보고 지속적으로 상승하는 지역을 찾는다. 공실에 대한 두려움은 철저한 분석을 통해 얼마든지 극복할 수 있다.

평택의 한 신도시의 경우 원룸 월세가 60만 원에서 80만 원으로 올랐고, 100만 원인 곳도 많아졌다. 이 지역은 원룸을 못 구해서 난리다. 전세도 마찬가지다. 현 임차인이 나간다고 하면 더 좋다. 전세든 월세든 더 높게 받을 수 있기 때문이다. 공실이 100% 없을 수는 없겠지만 공급자 우위의 시장에서라면 걱정하지 않아도 된다. 그래서 부동산 투자를 할 때 가장 신경 써야 하는 부분은 대출금액이 아니라 공실률이다.

부채를 똑똑하게
이용하는 법

2020~2022년에 아파트가격이 급격히 상승하면서 많은 젊은 세대들이 뒤늦게 수억 원대 담보대출을 끌어서 무리하게 집을 샀다. 이런 사람들을 '영끌족'이라고 부르는데, 요즘 갈수록 이들의 고통이 커지고 있다. 일으킬 수 있는 모든 대출을 끌어서 집을 샀는데 금리 인상으로 대출이자가 너무 높아졌기 때문이다. 대출이자가 2배 가까이 올라 월급으로 도저히 감당할 수 없는 지경에 이른 것이다.

차익형 부동산인 아파트 투자는 이렇게 대출금리에 큰 영향을 받는다. 실거주 투자든, 갭을 이용한 투자든 마찬가지다.

이에 반해 수익형 부동산인 다가구주택은 대출금리 상승에서 비교적 자유롭다. 매달 현금흐름에 비중을 둔 투자이기 때문이다. 양도차익 또한 기대할 수 있긴 하지만 매달 받는 임대료가 더 중요하다.

아파트보다 부채 비율이 더 높은데 무슨 소리냐고 하는 사람들이 있을 것이다. 하지만 매달 받는 월세가 대출이자를 내고도 남는다면 이야기가 달라진다. 대출금리를 두려워하지 않아도 되는 것이다.

나 또한 금리 상승으로 인해 대출이자를 기존보다 150만 원 넘게 더 내고 있다. 그러나 월 임대료로 1,500만 원을 받고 있기 때문에 전혀 걱정하지 않고 있다.

대출과 보증금은 많은 투자자들이 부를 일구는 데 큰 도움을 주는 훌륭한 도구다. 대출(부채)이라는 기회는 경제적 자유를 위해 실천하는 사람에게 찾아오는 것이지, 선입견에 가득 차 기회를 날려버리는 사람에게는 절대 찾아오지 않는다.

여러 번 강조했듯 대출금과 전세보증금은 건물주에게 지속적으로 큰 이득을 주는 훌륭한 부채다. 대출이자를 내고도 매달 통장에 돈이 쌓이는데 즐거워하지 않을 이유가 없다.

현재는 팬데믹 시기를 지나며 풀린 유동성으로 물가가 상승했고, 이를 우려한 미 연준(연방준비제도, Fed)이 긴축재정을 이어가고 있다. 급속도로 진행되는 긴축 속도에 경기 침체 우려 또한 커지고 있다. 당장은 물가 안정이 우선이라 현재와 같은 기조가 이어진다

해도 2023년 하반기를 지켜봐야 한다.

조금 더 자세하게 설명하면, 미국은 코로나19 극복을 위해 약 2,000조 원 규모의 경기 부양책을 내놓으며 엄청난 돈을 풀었다. 돈이 풀리면 달러 가치가 떨어지고, 달러 가치가 떨어지면 원화 가치가 올라간다.

원화 가치가 올라가면 수출 중심의 국가인 우리나라에서는 수출 경쟁력이 하락한다. 그러면 우리나라도 돈을 더 풀어 원화와 달러의 차이를 좁히려고 한다. 이때는 원화의 가치가 하락하면서 현금을 보유한 사람들이 큰 손실을 보게 된다.

이렇듯 돈의 가치가 하락하는 시기에는 돈을 모으기보다 자산을 사는 것이 이득이다. 다가구주택 신축을 예로 들면, 일단 돈을 충분히 모은 다음에 건축하려고 하면 돈을 모으는 몇 년간 이미 토지가격과 자재비, 인건비가 올라버려 훨씬 더 많은 돈이 필요한 상황이 된다.

최근에는 아파트 가격이 2022년 최고점 대비 30~40% 내려가서 또다시 영끌로 매입하려는 움직임이 나타나고 있다. 거주 목적이든 투자 목적이든 감당하기 힘든 아파트를 사는 것은 문제가 된다. 평생 돈을 벌어서 아파트 대출을 갚는 데 다 쓰는 일이 생기기 때문이다. 온전히 자기 집이 되기까지 오랜 시간이 걸리는 데다 투자를 통해 진정한 자산을 늘릴 기회도 잃어버린다.

이자를 내고도
월세가 남는다

매매가는 2억 원이고 보증금 2,000만 원에 월세 80만 원으로 임대가 가능한 수익형 부동산을 구입했다고 해보자. 매매가의 70%인 1억 4,000만 원을 3%에 대출받았다고 하면 연간이자는 420만 원이다. 연간 월세가 960만 원이므로 이자는 월세에서 나간다. 이자를 내고도 540만 원이 남는다. 투자금 4,000만 원에 연간 540만 원 수익이니 수익률은 9%이다.

대출금리가 올라 6%가 되어도 이자는 840만 원이기 때문에 월세 960만 원으로 충분히 견딜 수 있다. 대출금액이 커지면 그에 따라 위험성도 커지긴 한다. 그러나 좋은 부채로서 현명하게 이용할 수만 있다면 대출은 부를 만드는 데 없어서는 안 될 꼭 필요한 도구다.

내 앞으로 낸 부채지만 그것에 대한 이자를 내는 사람은 내가 아니라 임차인이다. 대출이나 임차보증금을 무조건 두렵게 생각할 것이 아니라 이렇게 관점을 달리해보자. 지혜롭게 대출을 사용할 수만 있다면 경제적 자유를 한층 더 앞당기게 될 것이다.

대출금리는 누구에게나 영향을 끼친다. 금리가 많이 오른 최근에 다가구주택의 건물주들은 월세와 비슷한 정도의 대출이자를 감당하고 있을 것으로 생각된다. 하지만 지금처럼 특수한 상황이 아니라면 대출은 건물주의 편에 서서 건물주의 상대적 자산을 증가시킨다. 한편으로는 대출금리가 2배 올라도 걱정하지 않아도 될 정도로 현금흐름을 늘려나가는 것이 매우 중요하다.

한때는 나도 대출에 대한 두려움 때문에 정말 좋은 물건을 여러 번 놓쳤다. 하지만 대출에 대한 선입견을 깨고 그 건물을 매입했다면 자산을 상승시키는 좋은 기회가 되었을 것임을 몇 년 후 반복적으로 깨달았다.

두려움 자체를 가져서는 안 된다고 말하는 것이 아니다. 실패를 두려워해야 일을 진행할 때 더욱 꼼꼼하게 분석하고 확인하게 되는 것이니까 말이다. 하지만 미리 겁부터 먹고는 시도하지 않는 우를 범하지는 말아야 한다.

다시 한 번 말하지만 대출금이 다소 많더라도 대출이자를 초과하는 월세를 받을 수 있다면 그 물건을 놓쳐서는 안 된다. 공실이 잘 발생하지 않는다는 전제하에서 말이다. 대출이자를 내고도 돈이 남는 등 수익률이 높은 건물이라면 그 가치는 지속적으로 상승할 수박에 없다.

우리의 목표는
자산에서 나오는 현금흐름

우리의 목표는 총자산이 아니라 자산에서 나오는 현금흐름이어야 한다. 파이프라인, 수입로봇, 현금자판기 등 표현은 다르지만 모두 꾸준하게 고정적으로 수입을 안겨주는 시스템이다.

지금은 수익형 부동산에
집중할 때다

2022년 하반기부터 금리 이야기가 연일 뉴스에 등장하고 있다. 1억 원을 정기예금으로 1년간 맡기면 세전이자로 500만 원을 준다는 등 사람들의 관심이 쏠릴 법한 뉴스가 우르르 쏟아졌다. 지방의 어느 제2금융권에서는 6.5%짜리 6개월 저축 상품을 출시하기도 했다.

2023년엔 그만큼의 이자를 받기 어려울 것으로 전망된다. 2023년 초부터 상품 금리가 다시 3%대로 떨어졌다. 금융당국의 수신 경쟁 자제 권고를 받은 은행권이 채권을 통해 유동성을 확보하면서 정기예금 의존도가 낮아졌기 때문으로 분석된다.

이처럼 경기 불황으로 인해 예금금리가 높아질 때는 은행에 목돈을 넣어놓아도 괜찮겠지만, 시장이 안정되면 예금금리는 겨우 물가 상승률에도 못 미치게 된다. 이것이 바로 수익형 부동산에 투자해야 하는 이유다.

고금리로 거래절벽이 이어지는 가운데서도 서울 월세시장은 더욱 달아오르고 있다. 월 1,000만 원 이상의 초고가 월세가 나타난 것이다. 전세값은 내려가는데 월세는 오르는 '전세의 월세화'가 가속화되고 있다.

부동산 업계에 따르면 2023년 아파트 월세 1,000만 원 이상 거래는 총 128건으로 집계되었다. 주로 강남권이나 한남동, 성수동, 청담동 등, 초고가 주택이 밀집한 지역에서 발생했다.

초고가 월세가 증가하는 이유는 무엇일까? 집값 급등에 따른 전세값 급등과 금리 인상에 따른 대출이자의 상승으로 월세가 더 선호되는 '월세화 현상'이 나타났기 때문이다. 또한 시중은행 대출금리가 상승하면서, 전세를 월세로 전환하는 비율인 전월세 전환율이 2022년 7월 말 기준 4.9%로 전세대출 금리보다 낮아진 것도 하나의 원인이다.

실제로 서초구 방배동의 한 아파트는 월세 1,400만 원에 거래되었다. 반포동의 어느 아파트는 월세 1,300만 원에 거래되었고, 성수동 트리마제(84m²)는 보증금 3억 원에 월세 1,000만 원에 계약되었다. 이 아파트들의 매매가격은 대략 30억 중후반부터 50억 중반으로 형성되어 있다.

이러한 사례를 보고 어떤 생각이 드는가? 월 1,000만 원 이상 월셋집에 사는 사람들은 어떤 사람들일지 궁금증이 드는가? 그런 게 중요하지 않다. 투자자로서 우리가 눈여겨봐야 할 사실은 따로 있다. 그것은 바로 고급 아파트에서 월세 1,000만 원을 받으려면 최소 40억 원 이상이 있어야 한다는 것이다.

월천족이 되기 위해서는 차익형 부동산의 대명사인 아파트보다 수익형 부동산에 뛰어드는 것이 훨씬 유리하다. 훨씬 적은 투자금으로 훨씬 높은 수익률을 가져갈 수 있기 때문이다.

차익형 부동산의
시대는 갔다

부동산 투자는 크게 차익형 부동산과 수익형 부동산의 2가지로 나뉜다. 차익형 부동산은 일정 기간이 지나 매입한 가격보다 올랐을 때 매도해 차익을 남기는 투자법이다.

10억 원에 산 아파트를 8억 원에 전세임대를 놓았다고 가정해 보자. 2년 후 아파트 가격이 11억 원으로 상승했다면 1억 원의 차익을 얻는다. 매매가 대비 10%, 투자금 대비 50%의 수익률을 올린 것이다.

차익형 부동산 투자법은 부동산 가격이 상승기에 있을 때 유리하다. 부동산 가격이 상승추세를 보일 때는 전세와 대출을 활용해 많은 수익을 가져가는 것이 가능하다. 그러나 가격 정체기 또는 하락기가 되어 2년 후 부동산 가격이 오르지 않거나 하락한다면 이런 투자방식으론 수익이 전혀 발생하지 않는다.

현재도 주로 차익형 부동산 투자방식으로 투자하는 분들이 많다. 하지만 지금은 이런 방법으로 수익을 얻을 수 있는 시기가 아니다.

전세는 한국에만 존재하는 임대제도이며 지난 100년간 유지되어왔다. 하지만 전세제도의 취약한 구조를 이용해 깡통주택, 전세 사기, 빌라왕 문제 등 서민들의 피해가 적지 않다. 제도의 허점을 노린 전세 사기가 사회 문제로 떠오르면서 전세 종말론이 서서히 고개를 들고 있다. 금리 인상으로 전세의 월세화가 가속화되고 있는 상황에서 머지않아 전세가 소멸될지도 모르겠다. 이제 매매가와 전세가의 갭을 이용한 투자로 매매차익을 기대할 수 있는 시대는 지났다.

당신도 월천족이
될 수 있다

수익형 부동산은 매달 월세가 나오는 부동산이다. 아파트, 빌라, 오피스텔, 상가, 다가구주택 등에서 월세를 받는 모든 부동산을 수익형 부동산이라고 한다. 수익형 부동산은 현재의 현금흐름을 가장 중요하게 여기는 투자법이다. 그래서 나는 수익형 부동산에 투자한다.

자신의 상황에 따라 투자법은 바뀔 수 있다. 현재 수입이 여유롭더라도 고정적으로 월세를 받는 시스템을 추가로 만들어두는 것이 좋다. 지인 중에는 원룸 임대사업으로 월세 8,000만 원을 버는 분도 있다. 한 달에 벌어들이는 임대 수입이 대기업 직장인 연봉과 맞먹는 것이다.

내가 생각하는 부자의 기준은 총자산이 아니고 현금흐름의 규모이다. 50억 상당의 아파트를 가지고 있거나 50억 상당의 토지를 보유하고 있더라도 현금흐름이 나오지 않는다면 진정한 자산이라고 볼 수 없다.

은퇴자금 역시 마찬가지다. 현금 5억 원, 10억 원을 그냥 쥐고만 있기보다 매월 현금흐름이 꾸준히 발생하게 만들어 은퇴 이후에도 지출에 제한이 없어야 한다.

근로 소득이나 사업 소득보다 자산에서 나오는 소득이 더 많을 때 비로소 부자의 반열에 올랐다고 할 수 있다. 이렇게 되면 더는 연금에 의존해 살지 않아도 된다.

당신도 아직 늦지 않았다. 지금부터 준비하면 당신도 충분히 월천족이 될 수 있다. 총자산이 아니라 자산에서 나오는 현금흐름을 목표로 삼고 그 규모를 점점 더 확장시켜보자. 파이프라인, 수입로봇, 현금자판기 등 표현은 다르지만 꾸준하게 고정적으로 나에게 수입을 안겨주는 시스템을 만들어보자. 관점을 바꾸면 훨씬 더 안정적이고 행복한 노후를 준비할 수 있다.

최근 2년 동안 신축을 통해 현금흐름을 만들어 경제적 자유를 얻은 사례를 소개한다.

성공사례를 자기의 것으로 소화하지 않고 무작정 따라 하는 것은

누군가에게는 약이 될 수 있지만, 누군가에게는 독이 될 수 있다.

많은 재테크 서적이 안내하는 투자법을 그대로 따라 실천하려다 보면 이미 늦은 경우가 많다.

하지만 이 책에서 안내된 방법을 자신의 것으로 만들어 소화시킨 다음 꼭

맞는 방법으로 찾아 실천한다면 좀 더 쉽고 빠르게 경제적 자유를 누리게 될 것이다.

지금부터 소개되는 사례를 보다 보면 누구나 적은 돈으로도

직장인 월급 이상의 현금흐름을 만들 수 있음을 깨닫게 될 것이다.

당신도 할 수 있다!

5장

소액으로
신축해서
건물주가 된 사례들

화성시 비봉지구, 2억 6,000만 원으로
4층 다중주택 건물주가 된 사례

지구단위계획을 적용받지 않는 도심의 땅을 구입해 건축할 때 다중주택으로 허가를 받으면 완화된 주차대수 적용을 받아 세대수를 늘려서 지을 수 있다.

퇴직 후

건물에서 받는 월급

2019년 가을이었다. 40대 후반으로 보이는 한 투자자가 다가구주택을 신축하고 싶다면서 나를 찾아왔다. 그분은 수년간 대형호텔에서 조리부 팀장으로 직장생활을 했는데, 업무의 특성상 5년 내에 퇴직할 준비를 해야 했다. 같은 해에 입사한 동기들은 이미 모두 명예퇴직을 했고 혼자만 남았다고 한다. 언제까지 회사를 다닐 수 있을지 기약할 수 없는 상황이었다.

그만둔 동기들을 보면서 호텔 조리팀에 근무했다고 해서 음식 장사를 잘하는 것은 아님을 깨달았다. 음식맛과 영업(마케팅)은 별 개라고 말이다. 그래서 자신은 동기가 했던 실수를 하지 않고 안정 적인 건물 투자를 하겠다고 마음먹었다고 한다. 퇴직 후에도 안정 적이고 고정적인 월급 정도의 수입만을 바라고 있었다.

이분의 자산은 경기도 구리시의 3억 정도 시세의 아파트 한 채가 전부였다. 이 아파트를 처분한 자금으로 신축을 하고 싶다고 했다.

상담 끝에 소유한 아파트를 처분하기로 했고, 예금으로 넣어둔 돈 6,000만 원으로 계약을 진행했다. 신축을 하기에 매우 작은 돈 이었지만 부딪혀보기로 했다. 우선 투자자와 건축할 건축물의 용 도에 대해 상의했다. 다가구주택에도 종류가 많기 때문에 신축할 때 자금 상황과 부지 면적 등을 다양하게 체크해야 한다.

수익률 좋은
다중주택 신축

투자자의 성향에 맞으면서도 임대수요가 풍부한 지역을 조사해 3개의 부지를 최종 검토했다. 그리고 마침내 적정한 부지를 선택 했다. 면적 280m²(약 85평)의 대지로, 다중주택을 건축하기에 적합

한 부지였다.

다중주택은 다수인이 장기간 거주할 수 있게 한 거주 형태이다. 660m² 이하의 면적에 4개 층 이하(필로티 구조)로 건축되어야 하고, 각 호실마다 개별적으로 욕실은 설치할 수 있으나, 취사시설은 설치할 수 없다. 대신 공동 취사장을 마련해야 한다.

다중주택 신축에서는 전체 사업비 중 가장 큰 비중을 차지하는 토지 구입비용이 비교적 낮다. 소규모 부지에서도 신축이 가능하기 때문이다. 투자금액 대비 사업성이 좋다고 볼 수 있다.

한편 다중주택을 지을 때 적용되는 주차장 규정 및 기타 제한사항이 2021년 6월 16일부터 완화되었다. 개정이 되면서 기존 세대 수의 2배까지 건축이 가능해져 기대 수익률이 훨씬 높아졌다.

다시 사례로 돌아가서, 해당 토지는 2차선 도로변에 접한 곳에 위치했고, 도로 맞은편에는 초등학교·중학교·고등학교가 있었다. 주변에 산업단지가 많아 호실이 많은 다중주택을 계획해도 공실 우려가 없었다. 3개의 인터체인지가 트라이앵글처럼 둘러싸여 있어 교통조건도 좋았다.

해당 부지엔 연면적 128평의 건축으로 15개의 원룸과 1층 근생이 가능했으며, 투자자의 보유자금을 고려해 각 세대 중 10세대는 전세, 나머지 5세대는 월세로 진행하기로 했다. 대출과 임대보증금을 제외한 실투자금액은 2억 6,000만 원이었다. 투자금이 더 많았다면 전세를 6가구로 줄이고 월세를 9가구로 늘릴 수 있었다.

• 다중주택 신축 예상 수익률 •

내역	금액	비고
토지 매입가	350,000,000	85평 (411만 원/평)
건축비용	800,000,000	건축비+인입비+설계비+감리비
토지+건축 합계	1,150,000,000	
임대 보증금	460,000,000	전세 10가구, 월세 5가구
연 수입금	43,800,000	365만 원 × 12개월
대출금액	430,000,000	
대출이자	16,320,000	연 3.8% (2020년 기준)
실 투자금액	260,000,000	
연 수익금	27,460,000	
연 수익률	10.6%	

5개월에 걸쳐 건축을 완료하고, 2개월 동안 모든 임대를 마무리했다. 실제 임대료 현황은 '호실별 임대료 현황' 표에서 확인할 수 있다. 투자자는 퇴직금을 이용해 전세를 월세로 전환할 계획을 세웠다. 현재는 상가 포함 365만 원의 임대 수입이 발생하지만, 15가구 전부 월세로 전환하면 '15가구×40만 원=600만 원'이다. 1층 상가 임대료까지 더하면 750만 원의 임대 수입이 기대된다.

최근에는 임대료가 높아져서 50만 원 이상으로 시세가 형성되었다. 퇴직금을 이용해서 전세를 월세로 전환한다면 이 건물에서 월 1,000만 원에 가까운 임대 수입을 기대할 수 있다.

신축 다중주택							
소 재 지	화성시 비봉지구					건축 년도	건물 용도
대 지	85평	도로 상황				2020년	
건 평		건물 외형					
난방 방식		건물 상태					
층별	세대수	보증금	월세	비고			
1층	상가	1,000	120		토지+건축		115,000
					보증금		46,000
2층	201호	500	40		월세금액		365
	202호	4,000	40				
	203호	3,800	5				
	204호	3,500	5				
	205호	500	40		융자금액		43,000
3층	301호	3,500	5				
	302호	1,000	35		금융이자 (3.8%)		136
	303호	4,000	5				
	304호	3,700	5				
	305호	500	40				
4층	401호	4,000	5		투자금		26,000
	402호	4,000	5				
	403호	4,000	5				
	404호	4,000	5				
	405호	4,000	5				
합계		46,000	365		수익률		10.6%

남양주시 별내신도시, 1억 5,000만 원으로 3층 다가구주택 건물주가 된 사례

투자금을 회수하고도 7억 원이 더 생겼다. 종잣돈 1억 5,000만 원으로 건물 한 채와 여유자금 8억 5,000만 원을 만들어낸 것이다.

한층 젊어진

노후 준비 연령

최근 신축 관련 상담을 하다 보면 관심 연령층이 전보다 많이 젊어진 것을 느낀다. 40대는 물론이고 30대 초반까지, 노후를 준비하는 시기가 무척 빨라졌다.

이번에는 40대 초반 투자자의 이야기를 해보려고 한다. 경매를 통해 여러 차례 토지를 낙찰받아 시세차익을 봤지만, 정기적인 현금흐름에 목마름이 있는 분이었다. 이분은 낙찰받은 토지 중 일부에 태양광을 설치해서 한국전력공사에서 매달 1,000만 원 정도의 전기료를 받고 있었다. 보통의 직장인들과는 다르게 경제적으로 윤택한 생활을 하고 있었다. 처음엔 '이렇게 부족함 없어 보이는 사람에게 무슨 고민이 있을까?'라는 생각이 들었다.

이야기를 들어 보니 이분의 고민이 어느 정도 이해가 되었다. 보유하고 있던 토지에 추가로 태양광을 설치하려고 모아둔 7억 원을 주식과 코인에 투자했다가 손실을 많이 본 것이다. 남은 금액은 고작 1억 5,000만 원이었다.

두 번 다시는 주식과 코인에 손을 대지 않겠다고 다짐했지만, 너무 큰 수업료는 상실감을 주기에 충분했다. 그래도 다시 힘을 내서 남은 금액을 가지고 다가구주택에 투자해 안정적인 현금흐름을 만들어내자고 결심했다.

개발 초기에
땅을 선점하자

이 투자자는 아파트를 여러 채 보유하고 있었기 때문에 취득세 중과가 되는 구축보다는 신축을 통해 수익형 부동산을 보유하기를 원했다. 그리고 지역에 제한을 두지 않았지만 향후 직접 거주할 것을 감안해 경관이 좋고 서울과의 접근성이 좋은 지역을 원했다.

투자자의 자금상황을 고려해 남양주의 별내신도시 지역을 조사했다. 저렴한 부지를 찾던 중에 323m²(약 97.7평)의 북향 토지를 찾을 수 있었다. 부지의 모양이 정사각형에 가깝고, 주변 시세 대비 가격이 저렴한 게 매력적이었다. 위치적 요소, 건축 규모, 종류, 가격 등을 상의한 결과 투자자는 만족했다. 이후 기본적인 사업성 분석을 진행한 다음 토지 매입을 진행했다.

별내신도시는 택지지구 조성 초기부터 주의 깊게 봤던 지역이다. 매번 임장 갈 때마다 느끼는 거지만 불암산의 웅장함이 늘 기분을 좋게 했다. 한 가지 단점은 2블록의 경우는 덜하지만 4블록의 경우 택지 주변 불암산 쪽으로 묘지가 많다는 것이다. 묘지는 혐오하는 시설 중 하나라 싫어하는 투자자분도 있었다.

우선 투자자에게 별내신도시의 개발호재에 대해 설명했다. 경기도 북쪽에 위치한 남양주시에는 GTX부터 4호선, 8호선, 9호선까지 굵직한 교통 호재들이 있다. 서울 진입 교통망이 획기적으로 개선되면서 새롭게 관심을 받고 있다.

서울로 출퇴근이 가능한 지역이라 공실 걱정이 없고, 전세보증금 상승과 꾸준한 임대수요를 노릴 수 있는 최고의 조건이라고 할 수 있다. 신도시든 택지지구든 개발 초기에 지가가 저렴할 때 신축을 해야 마진율이 크고, 수익률 또한 높아진다. 일반적으로 택지지구는 시간이 지날수록 단계적으로 인프라가 좋아진다.

투자금을 회수하고도
7억 원이 더 생겼다

그럼 이제 본격적으로, 시범단지 아파트와 함께 수혜를 누린 '1억 5,000만 원으로 신축한 3층 다가구주택'의 사례를 살펴보자. 과연 어떻게 1억 5,000만 원이라는 소액으로 신축이 가능했을까? 그 답은 바로 건설사를 이용한 전세보증금의 활용이다.

건축 당시 건축주는 3가구는 전세로 2가구는 반전세로 임대할 예정이었다. 신축 당시 쓰리룸(주인세대) 시세는 2억 원 중반이었다. 일반 쓰리룸은 전세가 2억 원 전후였고, 반전세는 보증금 1억 원에 월세 100만 원 수준이었다. 그런데 5개월 후 건물이 준공될 쯤 전세가가 크게 올라 쓰리룸은 4억 원에 임대를 맞췄고, 나머지 4가구도 착공 전 예상했던 전세보증금의 2배 정도의 금액으로 임대를 맞췄다.

당초 계획으로는 총 토지가격과 건축비용을 포함해서 16억 5,000만 원이 필요했다. 투자금액은 1억 5,000만 원이었고, 토지대출과 건물추가대출로 6억 원, 전세보증금으로 9억 원을 이용하려고 했다. 그런데 막상 준공이 나고 임대를 놓을 때 5가구를 전부 전세로 맞추었더니 총 보증금의 합계가 무려 17억 5,000만 원이나 되었다.

건축주 입장에서는 원래 투자금액 1억 5,000만 원을 회수하고

• 3층 다가구주택 신축 예상 수익률 •

내역	금액	비고
토지 매입가	630,000,000	97.7평 (645만 원/평)
건축비용	1,020,000,000	건축비+인입비+설계비+감리비
토지+건축 합계	1,650,000,000	
임대 보증금	900,000,000	전세 3가구, 반전세 2가구
연 수입금	33,600,000	121만 원 × 12개월
대출금액	600,000,000	
대출이자	21,000,000	연 3.5% (2020년 기준)
실 투자금액	150,000,000	
연 수익금	12,600,000	
연 수익률	8.4%	

도 추가로 7억 원이나 더 생기게 된 것이다. 처음의 종잣돈 1억 5,000만 원으로 버젓한 내 건물 한 채와 여유자금 8억 5,000만 원을 만들어낸 것이다.

현재 이 건물의 시세는 23억~27억 원을 형성하고 있다. 비록 전세로 임대를 줘서 당장 현금흐름이 발생하지는 않지만, 전세금으로 생긴 여유자금을 가지고 자신의 토지에 태양광을 추가로 설치해 한전에서 전기료를 2,000만 원 가까이 받고 있다. 이처럼 임차인의 전세보증금을 어떻게 활용하느냐에 투자의 결과가 완전히 달라진다.

• **호실별 임대료 현황** •　　　　　　　　(단위: 만 원)

신축 다가구주택						
소 재 지	남양주 별내신도시				건축 년도	건물 용도
대　　지	97.7평	도로 상황			2020년	
건　　평		건물 외형				
난방 방식		건물 상태				
층별	세대수	보증금	월세	비고		
1층	101호	40,000	10	주인 세대	토지+건축	165,000
2층	201호	29,000	10	R3	보증금	175,000
	202호	30,000	10	R3		
					월세금액	50
3층	301호	39,000	10	복층	융자금액	60,000
	302호	37,000	10	복층		
					금융이자 (3.5%)	175
					투자금	-70,000
합계		175,000	50		수익률	

화성시 봉담지구, 2억 원으로
4층 상가주택 건물주가 된 사례

아파트와 상가주택의 투자금액 대비 수익률은 차이가 크다. 온전히 내 토지에 건물을 보유하면서 현금흐름까지 발생하는 상가주택은 최고의 투자 상품이다.

직접 거주하면서
현금흐름도 얻는다

전세나 월세로 주택을 임대해서 거주할 때는 주거와 생활의 편의성을 따지고, 임대료만 고려하면 된다. 향후 주택(아파트) 가격이 오르든 내리든 큰 상관이 없다.

하지만 직접 주택을 구입할 때는 이야기가 완전히 달라진다. 주거의 편의성뿐 아니라 향후 부동산 가치의 상승까지도 고려해야 하고, 이에 더해 매월 현금흐름을 얻을 수 있는 부동산인지도 꼼꼼히 따져봐야 한다.

2021년 초에 있었던 일이다. 〈정일교메신저TV〉 유튜브 구독자인 40대 후반의 부부가 상담을 위해 나를 찾아왔다. 당시에 이 부부는 자영업을 하고 있었는데, 수입이 일정치 않아서 꾸준한 임대 수입을 얻고 싶어 했다.

이 부부가 가진 종잣돈은 2억 원 남짓이었다. 현재 자가가 아니라 다가구주택에 전세로 살고 있었고, 상가 임대를 얻어 자영업을 하고 있었다. 향후 자기 명의로 된 건물에 직접 거주하면서 안정적으로 장사를 하는 게 이 부부의 목표였다.

현재 거주하고 있는 지역과 인접하면서 향후 지가 상승 가능성이 크고 교통이 좋아지는 곳을 추천했다. 그곳은 바로 화성시 봉담지구였다.

봉담 택지지구의 미래 발전계획을 설명드렸다. 그뒤 신축 비용과 현재 임대 시세를 감안하면 충분히 소액으로 진행할 수 있다고 컨설팅을 해드렸다.

봉담 택지지구는 수도권 남부지역인 화성시에 위치하며 소위 황금노선이라고 불리는 신분당선 연장선 봉담역이 예정되어 있다. 신분당선 봉담역이 개통되면 이동시간이 대폭 줄어들 전망이다. 또한 국토부 '화성봉담3 공공주택지구 지정' 발표에 따라 지역 자체 인프라는 더욱 좋아질 것이다.

• 해당 토지의 위치 •

• 해당 토지의 구획도 •

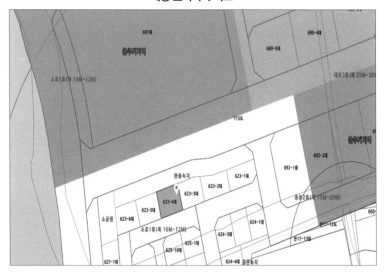

해당 토지는 4차선 도로변에 접해 있고, 바로 앞에 버스 정류장이 위치해 있다. 상업용지를 마주하고 있어서 향후 지가 상승이 기대되고, 건물 가치 또한 상승이 예상된다. 실제 토지 매입비용과 건축비용, 수익률 등은 아래의 '상가주택 신축 수익률' 표에서 확인할 수 있다.

해당 필지는 봉담IC를 통해 평택~파주고속도로, 수도권 제2순환고속도로, 과천~봉담고속도로 등으로의 진입이 편리하며 수인선복선전철 오목천역도 인근에 위치하고 있어 교통이 양호하다.

· 상가주택 신축 수익률 ·

내역	금액	비고
토지 매입가	690,000,000	87.7평 (786만 원/평)
건축비용	1,060,000,000	건축비+설계비+감리비
토지+건축 합계	1,750,000,000	
임대 보증금	900,000,000	전세 3가구, 월세 2가구
연 수입금	56,520,000	471만 원 × 12개월
대출금액	650,000,000	
대출이자	21,450,000	연 3.3% (2021년 기준)
실 투자금액	200,000,000	
연 수익금	35,070,000	
연 수익률	17.5%	

상가주택 vs 아파트, 무엇을 선택하겠는가?

이미 지어진 건물을 매입하게 되면 수익률이 7~8% 수준이지만, 신축으로 진행하게 되면 15~20% 정도의 수익률을 얻을 수 있다. 구축보다 2억~3억 저렴하게 매입하는 꼴이므로 마진이 커지면서 수익률 또한 올라가게 된다.

동일한 투자금액으로 아파트를 분양받는 것과 신축으로 상가주택을 지었을 때 수익률과 자산 증식에 대해 비교해보자('상가주택

· 상가주택과 아파트 비교 ·

	상가주택	A아파트
구 분	단독주택(상가주택)	아파트
소재지	화성시 봉담읍 상리 623-000	봉담읍 상리 A아파트 37평형
투자금액	2억 원	2억 원
분양(신축)일	2021년 6월	2021년
규모 및 특징	대지: 289m² (87.7평) 연면적: 782m² (237평) 제2종일반주거지역	대지지분: 47m² 공급: 123m² 전용: 99m²
평가액 (2022. 12)	20억 원 (차익: 18억 원)	3억 8,000만 원 (차익: 1억 8,000만 원)
임대 수입	보증금: 9억 원 월 임대료: 471만 원	–
누계 현금흐름	보증금 상승분: 2억 5,000만 원 임대료 누계: 8,478만 원(18개월)	–

과 아파트 비교' 표 참고). 보다 정확하게 비교하기 위해 동일 택지지구 내 사례를 선택했다.

상가주택은 매월 471만 원의 임대 수입이 발생한다. 지가 상승과 임대보증금 인상분까지 감안하면 아파트와는 비교가 되지 않는 수준이다.

이렇게 큰 차이가 나는 이유는 토지 지분의 차이로 인한 땅값 상승분과 신축으로 인한 마진의 차익 때문이다. 다시 말하지만, 집합건물로 소유자가 대지지분을 가지는 아파트와 달리 단독주택인 상가주택은 소유자가 온전한 토지와 건물을 소유한다.

· 완공된 건물 모습 ·

거듭 강조하는 부분이지만, 차익형 투자인 아파트는 자산을 증식하는 데 분명 한계가 있을 수밖에 없다. 이에 반해 상가주택은 직접 거주도 가능하며 임대 수입까지 생기므로 장기보유할수록 가치가 더욱 올라간다.

(단위: 만 원)

신축 상가주택							
소 재 지	화성시 봉담지구				건축 년도	건물 용도	
대 지	88평	도로 상황			2021년		
건 평		건물 외형					
난방 방식		건물 상태					
층별	세대수	보증금	월세	비고	토지+건축	175,000	
1층	상가	3,000	300				
					보증금	90,000	
2층	201호	23,000	8	R3			
	202호	4,000	75	R3	월세금액	471	
3층	301호	5,000	70	R3	융자금액	65,000	
	302호	22,000	8	R3	금융이자 (3.3%)	165	
4층	401호	33,000	10	R3	투자금	20,000	
합계		90,000	471		수익률	17.5%	

소액으로 신축해서 건물주가 된 사례들

223

오산시 세교지구, 3억 원으로
4층 상가주택을 신축 중인 사례

최소한의 종잣돈으로도 신축 건물의 건물주가 될 수 있다. 3억 원의 투자금으로도 충분하다. 투자금의 적고 많음보다 중요한 것은 시스템이다.

자금 상황에 맞추어
지역을 선별한다

3억 원은 매우 큰돈이지만 신축하기에는 조금 모호한 자금이다. 대출을 이용해 토지만 구입할 정도밖에 되지 않는다. 경기도 도심에 좋은 상권을 갖춘 토지와 건물을 매입해 임대 수입과 자산가치 상승을 노리고 싶지만, 부족한 자금과 지방이라는 사실 때문에 다소 불안하다. 그렇다고 오피스텔에 투자하자니 가진 자금의 규모가 크고, 자산가치가 하락할 우려가 있다.

이런 경우에도 다가구주택을 매입하거나 신축을 할 수 있다. 도심이 어렵다면 임대수요가 풍부한 산업단지 등 인프라가 갖추어진 외곽지역을 선택하면 된다. 다가구주택 투자는 임대 수입을 통해 안전하게 자산가치의 상승을 누릴 수 있는 투자 방법이기 때문에 상황에 맞추어 투자할 수 있다면 좋은 결과를 낼 수 있다.

건물을 매입하는 방법은 여러 가지가 있다. 그중 하나는 노후화된 다가구주택을 매입해서 일부를 보수하거나 리모델링을 해서 가치를 올리는 것이다.

소액으로 할 수 있는 가장 좋은 방법은 공실히 확실히 없는 지역을 선택해 건설회사의 자금으로 건축한 뒤 전세보증금으로 상환하는 것이다. 이런 방법을 사용하려면 건설사와 상호 신뢰가 밑받침되어 있어야 한다. 이 방법으로 건축하고 있는 최근의 사례를 살펴보자.

교통과 일자리,
이보다 좋을 수 없다

지역은 경기 남부에 위치한 오산시의 한 택지지구다. 잠깐 오산의 입지에 대해 알아보자. 오산은 입지적으로 보면 화성 동탄신도시와 이웃하고, 남북으로 수원과 평택 고덕신도시 사이에 있다. 예전에는 교통 여건이 열악하고 낡은 아파트가 많아 주택시장에서 주목받지 못한 지역이었다.

그러다 보니 수원, 용인, 화성(동탄) 등 굵직한 지역은 아파트 가격이 많이 올랐지만 오산은 상대적으로 저평가되어왔다. 그런데 2021년 초만 해도 1억 원대였던 아파트가 지금은 호가 5억 원까지 폭등했다.

오산의 집값이 이렇게 폭등한 이유는 뭘까? 상대적으로 저렴한 집값으로 인해 실수요와 투자수요가 동시에 몰렸기 때문이다. 오르는 집값을 감당하지 못해 밀려난 수요자들이 오산으로 이동한 것이다.

대형 개발호재가 뒷받침되기도 했다. 지하철 분당선 연장사업이 대표적이다. 국토교통부가 발표한 제4차 국가철도망 구축계획에 오산~동탄~기흥 구간을 연결하는 분당선 연장사업이 포함되었다. 기존에는 오산에서 강남까지 1시간이 넘게 소요되었지만 분당선 연장선 지하철이 개통되면 오산에서 강남까지 1시간 이내로 진입이 가능하다.

수원 망포역~동탄역~오산역을 연결하는 동탄도시철도(트램) 1호 노선이 국토부로부터 기본계획을 승인받아 2027년 개통을 목표로 본격 추진될 예정이기도 하다. 개통이 된다면 지금보다 훨씬 교통이 편리해질 것이다. 오산시와 동탄신도시를 잇는 필봉터널은 동탄역 SRT까지 이용할 수 있어 오산의 가치는 더욱 올라갈 수밖에 없다.

주변 일자리 면에서 보면 교통이 좋아지면서 서측의 연구산업단지와 동측에 동탄테크노밸리, 남측에 평택삼성캠퍼스, 북측으로 수원삼성으로 둘려싸여 있다. 교통과 일자리, 어느 것 하나 빠지지 않는 도시가 되었다.

오산은 아직도 저평가되어 있기 때문에 향후 가치 상승이 더욱 기대된다. 현재 건축 중인 상가주택의 준공 후 예상 수익률을 계산해보면 아래의 표와 같다.

· 상가주택 신축 예상 수익률 ·

내역	금액	비고
토지 매입가	610,000,000	79.8평(762만 원/평)
건축비용	1,060,000,000	건축비+인입비+설계비+감리비
토지+건축 합계	1,670,000,000	
임대 보증금	470,000,000	전세 1가구, 반전세 4가구
연 수입금	108,000,000	900만 원 × 12개월
대출금액	900,000,000	
대출이자	45,000,000	연 5%(2022년 초 기준)
실 투자금액	300,000,000	
연 수익금	63,000,000	
연 수익률	21%	

건물 한 채로 얻는
월 1,000만 원의 현금흐름

착공 당시 대출 금리를 5%를 예상했지만, 최근 몇 달 동안 금리가 가파르게 오르면서 8%가 넘었다. 대출금리를 5%로 감안하면 복합 수익률은 무려 21%다.

신축으로 진행했기 때문에 이런 수익률이 가능하다. 구축을 구입한다고 하면 수익률은 고작 7~8% 수준이다. 현재의 금리 8%로 계산해도 복합 수익률은 12%가 나온다.

현재는 건축이 완공되었고 준공을 접수한 상태다. 준공이 되는 대로 임대가 맞춰지면 20%가 넘는 수익률이 나오는 건물을 소유하게 된다. 건물 한 채에서 무려 1,000만 원에 가까운 현금흐름이 발생하는 것이다.

그렇다면 건설사는 어떤 순서로 부족한 자금을 회수할까? 우선 토지담보대출에서 4억 원을 회수하고, 건물이 준공되면 건물추가 대출로 5억 원을 회수한다. 그리고 준공 후 임차인을 맞추는 과정에서 나머지 4억 7,000만 원을 회수하게 된다.

4억 7,000만 원은 전세보증금이 되었든, 반전세보증금이 되었든 건설사에서 우선 회수한다. 해당 건축주는 한 세대는 전세로, 나머지 4세대는 반전세로 임대할 계획이다.

신축 상가주택						
소 재 지	오산시 세교지구				건축 년도	건물 용도
대　　지	80평	도로 상황			건축 중	
건　　평		건물 외형				
난방 방식		건물 상태				
층별	세대수	보증금	월세	비고	토지+건축	167,000
1층	상가	4,000	350			
					보증금	47,000
2층	201호	5,000	120	R3		
	202호	5,000	120	R3	월세금액	900
3층	301호	23,000	10	R3	융자금액	90,000
					금융이자	
4층	401호	5,000	150	복층		
	402호	5,000	150	복층	투자금	**30,000**
합계		47,000	900		**수익률**	

· 건물의 전면 ·

· 건물의 후면 ·

5장

· 호실별 설계도 ·

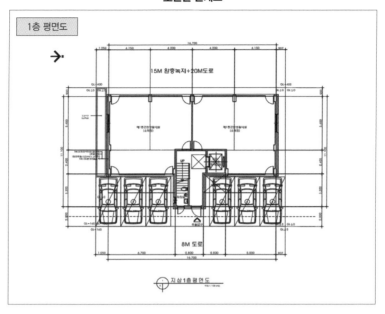

1층 평면도

15M 완충녹지+20M도로

8M 도로

지상1층평면도

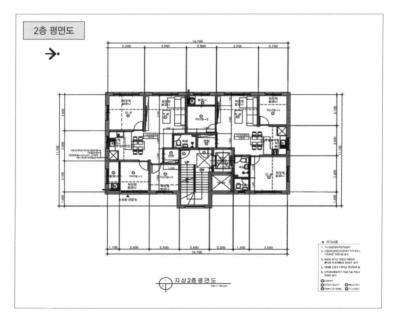

2층 평면도

지상2층평면도

3층 평면도

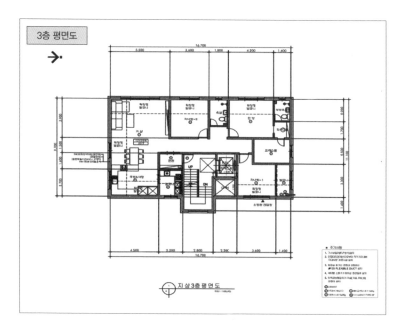

지상3층 평면도

4층 평면도

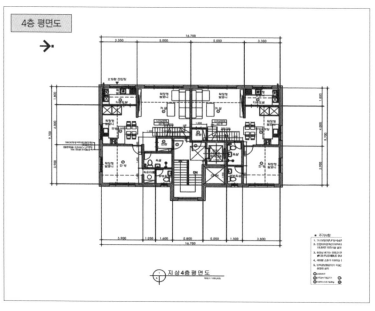

지상4층 평면도

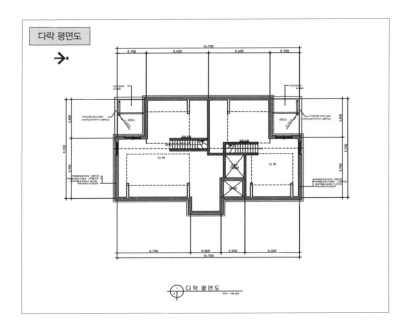

다락 평면도

평택 고덕신도시, 5억 원으로
4층 상가주택 신축할 물건 분석

이제 단순히 아파트에 투자해서 자산을 늘리는 것만이 답이 아니다. 안정적인 노후 생활을 위해서는 매달 꼬박꼬박 통장에 입금되는 임대 수입을 창출해야 한다.

앞으로 10년간
공실이 없을 지역

상가주택 신축 관련 토지시세와 임대시세를 파악하기 위해 정기적으로 택지지구와 신도시 등을 돌아보는 임장활동을 하고 있다. 관심 있게 지켜보고 있는 지역 중 가장 이목을 끄는 지역이 하나 있는데, 바로 평택 고덕국제신도시다.

때마침 이 지역을 방문한 시간이 점심 즈음이었는데, 삼성반도체 근로자들이 인산인해를 이루는 것을 보면서 그 규모를 실감하게 되었다. 타 지역이 코로나19 여파로 주춤한 것에 비해 고덕신도시는 공사현장도 많고 일거리도 많아 활력이 넘친다.

세계 최대 규모의 반도체 생산기지인 삼성반도체 평택캠퍼스는 이미 1·2·3공장라인이 가동되고 있으며, 4공장은 골조공사가 한참 진행되고 있다. 앞으로 5·6공장도 계획되어 있으니 그 물량이 가늠되지 않을 정도다.

무엇보다 중요한 점은 현재 근로자 숙소가 많이 부족하다는 것이다. 사실 평택은 이미 부동산 투자자들에게는 낯설지 않은 지역이다. 그만큼 개발계획이 많고 각광을 받고 있다.

행정안전부 주민등록인구통계에 따르면 2015년 기준 평택시 전체 인구는 46만 532명으로 50만 명에 미치지 못했다. 하지만 2022년 12월 기준 57만 7,335명으로 11만 명 넘게 증가해 경기도 내 인구 순위 9위로 진입했다. 2015년 삼성전자 평택캠퍼스 준공 이후 인구가 급속도로 늘어난 것이다. 지금 같은 속도라면 2035년엔 인구 100만 명 도시로 거듭날 거라는 전망이 있다.

현지 공인중개사의 말에 의하면, 일자리가 많고 인구가 꾸준히 증가하고 있어서 앞으로 10년간 공실이 생기지 않을 지역이라고 한다. 원룸, 투룸은 물론이고 쓰리룸까지 반도체 공사 협력사 직원 숙소용으로 수요가 넘쳐난다.

최근 화성에 있는 내 건물에 원룸 계약을 할 때 평택은 원룸 가격이 비싸고 많지 않아서 화성까지 넘어왔다는 말을 들었다. 정말로 분위기를 실감하지 않을 수 없었다. 그도 그럴 것이 내 건물의 원룸 월세는 40만 원이지만, 평택 원룸 월세는 70만~80만 원을 형성하고 있다. 임대료가 2배다. 투룸도 마찬가지다.

평택은 숙소 용도로 원룸, 투룸, 쓰리룸 할 것 없이 턱없이 부족한 상태다. 서정리역, 지제역 인근은 물론이고 구도심까지 수요가 넘쳐난다. 현재 평택의 원룸 월세 시세는 70만~80만 원이고 투룸 월세는 160만~180만 원, 쓰리룸은 210만~260만 원을 형성하고 있다. 사정이 이렇다 보니 5가구로 구성된 신도시 내 상가주택 쓰리룸도 숙소용으로 대부분 임대를 주고 있는 상황이다.

1층 근생은 임대료가 평당 15만~20만 원이다. 토지의 평수와 위치에 따라 다르겠지만 고덕신도시 4층 상가주택 건물의 시세는 25억 원에서 30억 원 선으로 형성되어 있다.

이와 같은 시세를 형성하게 된 배경에는 사통팔달 쾌속 교통망이 가치를 더하기 때문이다. 평택~제천고속도로 및 경부고속도로를 통해 전국 각지로의 이동이 쉽고 평택동부고속도로도 예정되어 있다. 수도권 1호선 및 SRT가 지나가는 지제역과 수원발 KTX 직결 사업도 추진중이어서 교통망이 더 획기적으로 향상될 것이다.

우수한 교통망을 기반에 둔 직주근접이 장점이다. 인접한 삼성전자 평택캠퍼스를 비롯해 송탄일반산업단지, 원곡일반산업단지 등 다수의 산업단지가 있어 임대수요가 풍부하다.

고덕신도시에
5억으로 건물 짓기

최소 10년 이상 임대수요가 확실히 많고 교통 여건이 지금보다 더 좋아지는 도시에 25억 원 이상을 주고 기존 건물을 매입하는 것이 좋을까, 아니면 저렴하게 나온 토지를 사서 신축 건물을 짓는 게 좋을까?

최근 물가 상승으로 건축비가 예전에 비해 오르긴 했지만, 이미 지어진 기존 건물보다 2억 원이라도 비용이 더 적게 든다면 당연히 새로 짓는 게 이득이다. 이 2억 원의 차이는 수익률과 연결되고, 마진에도 영향을 준다.

최근에 저렴하게 나온 코너 토지가 있어서 가도면을 그리고 수익률을 대략 계산해보았다. 토지 평수는 241㎡(약 73평)이다. 1층에 근린생활시설이 들어가고, 2~4층에 5가구로 구성된다. 토지평수가 작다 보니 엘리베이터 설치공간을 제외하면 쓰리룸 구조가 아닌 투룸 구조가 적당했다. 보통 주인세대 한 가구를 4층에 구성하기도 하지만, 일조권 여부에 따라 주인세대를 3층이나 2층에 구성하고 4층 2가구를 복층으로 구성하기도 한다.

이 토지에 가도면의 연면적을 토대로 건축비와 토지가격을 계산해보니 24억 원이 나왔다. 내가 가진 투자금액이 5억 원이라면 나머지 금액을 충당해 신축을 진행할 수 있을까? 여러 번 이야기했지만, 가능하다.

우선 다가구주택인 상가주택은 대출과 임차인의 전세보증금을 사용할 수 있어 아파트에 비해 적은 투자금액으로도 충분히 가능하다. 토지대출은 토지가격의 70~80%가 가능하다. 건물추가대출(기성대출)도 건축비의 40~50%가 가능하다. 물론 건물추가대출의 금리가 높긴 하지만 공정별로 대출을 일으키기 때문에 한 번에 많은 비용이 필요하지 않다.

토지대출과 건물추가대출을 이용하면 13억 원을 이용할 수 있다. 그런데 대출을 이용한다고 하더라도 내 투자금액 5억 원을 제외한 6억 원이 부족한 상태다.

부족한 6억 원은 준공 이후 임대를 놓을 때 전세로 2가구를 놓아서 충당할 수 있다. 예상 임대료 수준을 정리한 240쪽의 표를 보면 현재 임대 시세와 대출금액을 이용해서 투자금 5억 원으로 충분히 신축이 가능하다는 것을 알 수 있다.

이 건물의 한 달 임대 수입은 1,140만 원이다. 최근 금리가 올라서 대출금 13억 원에 대한 이자가 적지 않게 나온다. 하지만 금리가 정상적으로 내려온 후를 예상한다면 이만큼 똘똘한 수익형 부동산은 없을 것이다.

현재 대출금리 8%를 적용하면 한 달에 이자가 800만 원이 넘게 나온다. 임대 수입에서 대출이자를 제하면 300만 원 가까운 순수익을 얻는다. 경기가 회복되어 2023년 말쯤 대출금리가 3%대로 내려온다고 가정하면, 13억 원에 대한 대출이자는 고작 300만 원 수준이 된다. 그러면 임대로 얻는 순수익은 800만 원 정도가 예상된다.

서울 전체 아파트 평균 매매가는 12억 6,800만 원이다. 대출 없이 자가로 사는 사람도 있지만, 전체의 50~60%는 대출을 이용해서 살고 있다. 이왕 같은 금액이면 서울의 아파트 한 채를 보유하기보다 다가구주택 한 채를 보유해 안정적인 수입으로 노후를 준비하는 것이 더 훌륭한 선택이지 않을까?

이제 단순히 아파트에 투자해서 손에 닿지 않는 자산을 늘리는 것만이 답이 아니다. 매월 고정적으로 수입을 얻을 수 있는 다가구주택 투자야말로 우리의 긴 노후를 위한 현명하고 현실적인 준비임을 하루빨리 깨닫길 바란다.

• 호실별 임대료 현황 •　　　　(단위: 만 원)

신축 상가주택						
소 재 지	평택 고덕신도시				건축 년도	건물 용도
대　　지	73평	도로 상황				
건　　평		건물 외형				
난방 방식		건물 상태				
층별	세대수	보증금	월세	비고		
1층	상가	3,000	500		토지+건축	240,000
					보증금	60,000
2층	201호	35,000	10	R3	월세금액	1,140
3층	301호	1,000	180	R2	융자금액	130,000
	302호	20,000	10	R2	금융이자 (%)	
4층	401호	500	220	복층 R3	투자금	50,000
	402호	500	200	복층 R3		
합계		60,000	1,140		수익률